中国易学文化传承解读丛书

段氏理象学

段建业 著

中国商业出版社

图书在版编目(CIP)数据

段氏理象学 / 段建业著. —北京：中国商业出版社，2011.12
ISBN 978-7-5044-7457-5

Ⅰ. ①段… Ⅱ. ①段… Ⅲ. ①命相—通俗读物
Ⅳ. ①B992.3-49

中国版本图书馆 CIP 数据核字（2011）第 224298 号

责任编辑　陈朝阳

中国商业出版社出版发行
010-63180647　www.c-cbook.com
(100053 北京广安门内报国寺 1 号)
新华书店总店北京发行所经销
北京龙跃印务有限公司印刷
*
710×1000 毫米　1/16 开　17 印张　250 千字
2011 年 12 月第 1 版　2011 年 12 月第 1 次印刷
定价：45.00 元

* * * *
(如有印装质量问题可更换)

《中国易学文化传承解读丛书》
出版前言

中国传统文化以诗、书、易、礼、春秋为源头经典。《三字经》上曾讲"诗、书、易，礼、春秋，号六经，当讲求"，又说"有连山，有归藏，有周易，三易详"。在这六种（其中礼，有周礼、礼记二种）经典中，又以易经为最重要的经典，儒家将其列为群经之首，道家将其列为三玄之冠。因此，武汉大学哲学学院博士生导师唐明邦教授将易经称为"中华文化的源头活水"。

易经文化的传承，一向分为两大部分，一部分是义理的传承，主要从哲学、政治学、社会学、伦理学等人文科学的方面进行阐释、发挥；另一部分就是数术的传承，主要从未来学、预测学、咨询文化的角度进行阐释、发挥，乃至创新、改造。

本套丛书，虽然也有部分文章着重从义理方面进行阐发解读，但大部分著作主要是从数术角度进行传承，进行解读。这十几部书涉及到数术中的绝大部分种类，既有古代称之为"三式"的太乙、奇门、六壬，又有八卦、六爻、梅花易数以及四柱命理等，都是作者近几年最新的研究和实践成果。

数术文化，源远流长。中华传统文化从本质上讲是一种没有宗教的文化（所谓本土宗教道教，也是在佛教等外来宗教传播的形势下，才以道家老子为鼻祖而新创的一种宗教），而易经数术文化在中国历史上在一定意义上发挥着"准宗教"的作用，起着抚慰广大人民心灵的作用，换言之，发挥着社会心理学的作用。这就是它"野火烧不尽，春风吹又生"，能够顽强生存下来，得到持久传承的原因。即使到现代科学如此昌明的今天，有人称为电子时代、信息化社会，它不仅未能消亡，反而仍然在生生不息地传承着。

当今社会上人们虽对数术文化有着不同见解和看法，但大多数人对它并不十分了解。

为了使广大读者能够深层次地了解传统文化中的数术文化，以便独立地确定自己的意见和见解，我们出版了这套"中国易学文化传承解读丛书"。参与解读的作者都有个人研究的心得和实验的成果，正确与否，只是一家之言，一得之见。广大读者可以从中辨别真伪，或赞同，或批判，或质疑，或否定。

本丛书的很多内容讲的是预测及占筮技术。对此，我们比较赞同著名作家柯云路先生的观点，他在给本丛书之一的《梅花新易》一书的序中写道："占筮技术在当今的实际应用则是该谨慎的。一个，是因为这种占筮技术本身的作用还是有其限度的，现代人该更多依靠科学决策。另一个，这一行良莠不齐，很容易给各种江湖骗子可乘之机。所以，对于一般大众来讲，我的告诫常常是：命一般不算，起码要少算。算错了，被误导，就真不如不算，那很有损害。而要真正使自己活得好，倒是该从大处掌握《易经》中的道理，那就是乾卦讲的'天行健，君子以自强不息'，还有坤卦讲的'地势坤，君子以厚德载物'。大的道理是十分简易的，再加上做事中正，为人诚信，与时偕行，知道进退，《易经》的大道理就都有了"。

目 录

序（一） ………………………………………… 晋崖山人(1)

序（二） ………………………………………… 张　卫(2)

序（三） ………………………………………… 周日新(5)

自　序 ………………………………………………… (9)

第一章　阴阳五行 ……………………………………… (1)

　　第一节　阴阳学说 ………………………………… (1)

　　第二节　五行学说 ………………………………… (2)

　　第三节　五行生克 ………………………………… (3)

　　　　一、五行相生 ………………………………… (3)

　　　　二、五行相克 ………………………………… (4)

　　第四节　五行反常 ………………………………… (5)

　　　　一、相生反常 ………………………………… (5)

　　　　二、相克反常 ………………………………… (6)

　　第五节　五行类象 ………………………………… (6)

　　　　木 …………………………………………… (7)

　　　　火 …………………………………………… (7)

　　　　土 ………………………………………………… (8)

　　　　金 ………………………………………………… (9)

　　　　水 ………………………………………………… (9)

第二章　十天干 ……………………………………………… (11)

　　第一节　十天干作用关系 …………………………………… (11)

　　　　一、十干之生 …………………………………………… (11)

　　　　二、十干之克 …………………………………………… (11)

　　　　三、十干之合 …………………………………………… (13)

　　　　四、十干之冲 …………………………………………… (13)

　　第二节　十干配象 …………………………………………… (13)

　　　　一、十干配五行、四时、方位 ………………………… (13)

　　　　二、十干类象 …………………………………………… (14)

第三章　十二地支 …………………………………………… (19)

　　第一节　十二支与阴阳、五行及十干关系 ………………… (19)

　　　　一、十二地支 …………………………………………… (19)

　　　　二、五行本气 …………………………………………… (20)

　　　　三、五行长生 …………………………………………… (20)

　　　　四、五行墓库 …………………………………………… (20)

　　　　五、五行余气 …………………………………………… (20)

　　　　六、五行死地 …………………………………………… (20)

　　　　七、五行绝地 …………………………………………… (20)

　　　　八、十干本气 …………………………………………… (21)

　　　　九、十干状态 ··· (21)

　　　　十、地支遁藏 ··· (22)

　第二节　十二地支配时间、方位、属相 ················· (23)

　　　　一、十二地支与四时方位 ································· (23)

　　　　二、十二地支配月建 ·· (23)

　　　　三、十二地支配十二时辰 ································· (23)

　　　　四、十二地支配生肖及十二支数 ······················ (24)

　第三节　十二支作用关系 ······································ (24)

　　　　一、十二支相合 ··· (24)

　　　　二、十二支相冲 ··· (29)

　　　　三、十二支相穿 ··· (32)

　　　　四、十二支相刑 ··· (34)

　　　　五、地支相破 ·· (35)

　　　　六、地支之墓 ·· (36)

　第四节　地支的其他特性 ······································ (37)

　　　　一、辰戌丑未特性 ·· (37)

　　　　二、木的死活 ·· (38)

　　　　三、巳火的特殊性 ·· (39)

　第五节　十二地支类象 ··· (40)

第四章　四柱 ·· (47)

　第一节　四柱立法 ··· (47)

　第二节　大运与流年 ··· (49)

　　　　一、大运排法 ·· (49)

3

         二、交运时间 ································(50)

         三、流年起法 ································(51)

    第三节　四柱宫位取象 ································(51)

         一、宫位类象 ································(52)

         二、宫位吉凶 ································(56)

    第四节　日主与十神 ································(56)

         一、十神概念 ································(56)

         二、十神生克 ································(58)

    第五节　十神类象 ································(59)

         一、正、偏印之类象 ································(59)

         二、正官、七杀之类象 ································(61)

         三、正、偏财之类象 ································(62)

         四、比肩、劫财之类象 ································(64)

         五、食神、伤官之类象 ································(65)

         六、十神类象简表 ································(67)

    第六节　神煞类象 ································(67)

         一、禄神类象 ································(68)

         二、羊刃类象 ································(68)

         三、墓库之象 ································(69)

         四、驿马之象 ································(69)

         五、空亡类象 ································(70)

第五章　盲派命理体系介绍 ································(71)

    第一节　盲派命理与传统命理的区别 ································(71)

第二节　盲派命理体系的特点 …………………………… (72)
　　一、宾主的概念 ………………………………………… (72)
　　二、体用的概念 ………………………………………… (73)
　　三、功神、废神概念 …………………………………… (74)
　　四、能量、效率概念 …………………………………… (75)
　　五、贼神、捕神概念 …………………………………… (77)

第三节　干支配置原理 …………………………………… (77)
　　一、干支生克原理 ……………………………………… (77)
　　二、干支互通原理 ……………………………………… (78)
　　三、干支虚实原理 ……………………………………… (80)

第六章　盲派命理论命方法 ………………………………… (83)

第一节　四柱入手方法 …………………………………… (83)
　　一、看四柱的功 ………………………………………… (83)
　　二、看四柱做功的等级 ………………………………… (86)

第二节　做功的方式 ……………………………………… (93)
　　一、制用结构做功 ……………………………………… (93)
　　二、化用结构做功 ……………………………………… (94)
　　三、生用、泄用结构做功 ……………………………… (95)
　　四、合用结构做功 ……………………………………… (97)
　　五、墓用结构做功 ……………………………………… (99)
　　六、复合结构做功 ……………………………………… (100)

第三节　制局通辨 ………………………………………… (102)
　　一、比劫与财的配置 …………………………………… (103)

二、比劫与官杀的配置 …………………………………… (104)

　　　三、伤食与官杀的配置 …………………………………… (106)

　　　四、印星与伤食的配置 …………………………………… (107)

　第四节　制法明析 ………………………………………………… (110)

　　　一、合制 …………………………………………………… (110)

　　　二、冲制、刑制 …………………………………………… (112)

　　　三、克制 …………………………………………………… (113)

　　　四、穿制 …………………………………………………… (114)

第七章　关于盲派命理之答疑 …………………………………… (116)

第八章　实例解析 …………………………………………………… (125)

　第一节　弟子言明女士批断命例节选 …………………………… (125)

　　　一、一个生意人的苦恼 …………………………………… (125)

　　　二、原来是会计 …………………………………………… (128)

　　　三、一个不能控股的股东 ………………………………… (129)

　　　四、天不随人心愿——婚姻 ……………………………… (132)

　　　五、不讲医德的医生 ……………………………………… (136)

　　　六、商海沉浮，女强人命运多舛 ………………………… (137)

　第二节　盲派实战例选 …………………………………………… (139)

附　录：作者博客文粹 ……………………………………………… (152)

　概论 …………………………………………………………………… (152)

　　　一、贞观之治李世民 ……………………………………… (153)

二、千秋功业汉武帝 …………………………（155）

三、唐明皇李隆基 ……………………………（159）

四、太平天国掘墓人——曾国藩 ……………（160）

五、大清王朝的掘墓人 ………………………（161）

六、哲人王阳明 ………………………………（165）

七、世纪审判主角辛普森可否再次脱罪 ……（166）

八、阿炳 ………………………………………（169）

九、围棋第一人李昌镐 ………………………（172）

十、投机组合——巴菲特命理分析 …………（173）

十一、投机组合——最伟大的交易 …………（177）

十二、象说牛顿与爱因斯坦 …………………（179）

十三、量子力学之父——玻尔 ………………（182）

十四、苹果之父乔布斯 ………………………（184）

十五、教父马云 ………………………………（186）

十六、帕瓦罗蒂——大师殒落 ………………（187）

十七、迈克尔·杰克逊 ………………………（189）

十八、李嘉诚的命理解析 ……………………（190）

十九、罪恶的银行家 …………………………（192）

二十、死亡与永生——戴安娜命运探秘 ……（194）

二十一、坤沙的毒品人生 ……………………（197）

二十二、劫世枭雄希特勒 ……………………（199）

二十三、《红楼梦》元春四柱趣谈 …………（201）

二十四、暗杀大王王亚樵 ……………………（203）

二十五、杂交水稻之父袁隆平 ………………（205）

二十六、同命四柱之多解 ………………………………（207）

二十七、打开《孽情》命例中的玄机 ……………………（209）

二十八、美国留学生 ………………………………………（211）

二十九、印尼出生的命 ……………………………………（212）

三 十、高考后的志愿选择 ………………………………（213）

三十一、北京遭遇诗人 ……………………………………（215）

三十二、断例几则 …………………………………………（217）

三十三、郝金阳传奇 ………………………………………（223）

三十四、命运谈屑 …………………………………………（232）

后　记 ……………………………………………………（244）

序（一）

晋崖山人

文殊圣地，青山亘古，碧水长流。苍岩壁立，呈刚直不阿之势；阡陌纵横，显兼容并蓄之志。山河形胜之地，五谷丰登；藏龙卧虎之川，人才辈出。政人名流，冠盖纷纭；商贾巨族，络绎不绝。

然天地之造化，匹万物之灵秀；惟究天人之际，通古今之变者，此智者也。夫智者，发乎真，是故随天理，蕴万物，通人性，悦万物而与万物异，随百姓而与百姓忧乐同，顺天承运，故绵绵不绝。今段氏建业，朴质厚方，承先师之至理，开一代之先河，体用双重，福慧并修，发乎一端，至于精微，非为私利，乃行天理，施教化，理人欲，正人心，化小私为至公也。

呜呼，天地幸甚，人文幸甚，吾辈幸甚。是为序。

岁在庚寅子月

序（二）

张卫

命理者，术数也，术数法于阴阳，命理昭示人生。阴阳者，天地之道也；人生者，吉凶之期也。天地之道也深远，百姓日用而不知；吉凶之期也难测，凡人欲知而不得。是故，有贤人出，作命理之术，使民知命，以顺应天地而近道矣。

命理既出，得一分三，见仁见智，流派纷呈。有盲瞽命师者，执杖独行于山野村肆，与人批命，百不失一，因铁口直断而声名远播，流行于民间。惜其择徒甚严，非盲不传，口传心授，不著文字，故其断命之法不得为外人所知矣。

吾师段建业，为人敦厚，潜心于学，因机缘巧合，得逢盲派高人郝金阳。蒙郝先生点拨，始窥盲派之堂奥，又及数年，方悟盲派之正理。感先生之恩，不敢藏私，遂于近年，将先生之绝学及自己之心得，陆续整理成册，公之于众，唯愿有缘者习之，以传道之用。新作《段氏理象学》，乃全面系统总结盲师断命之法，且于盲师之学又有发展，将盲派命理系统化、理论化，常人读之，亦可习得盲师之法，入盲派之门。段师此举，实乃吾辈学子之大幸，功莫大焉。

统观盲派命理，其法有三：曰理法，曰象法，曰技法，书载其二，略述如下。

理法乃断命之根本，理通则局明，局明则象出。盲师于其理了然于胸，认为天地之自然，故言及甚少。段师法于盲师，根于易理，从阴阳五行之说，整理并发展之，乃作盲派之理法，以简化盲派之学，使常人得以理解。

言既及理，不外阴阳，大凡术数，无不以阴阳为本，若于阴阳无涉者，其为伪术矣，学命者当以此细审。观盲派之理，曰宾主、曰体用、曰干支配置……无不与阴阳相契合。分宾主而知内外，察体用而明得失，析干支而辨形象，观局运流年而通动静吉凶。习者若从阴阳着手，则事半功倍矣。五行之说，亦为至理，盲派功用之理，即本于此。若制局、合局、墓局、生局、化局、包局、战局……形众而理一，曰生克乘侮、冲合刑穿，八字之功，莫逃乎此。知其理者，当可入盲派之门，于命者之意向、命局之高低、富贵贫贱之层次、大运流年之吉凶，俱可知矣。

象法乃盲派之精髓，亦为术数之精髓。术数源于易，易者，唯象之学也。古之圣人仰观俯察，取诸身物而设卦，易学于此流行焉。盲派之象，不见载于命理古籍，然于易象，莫不契若符节；于批命，莫不断验如神。如盲师夏仲奇断某女嫁 80 老夫，远嫁 6000 里，皆为象之用也。或曰：此为数也，胡言象乎？岂不知观象不离数，象出数自显，若天文之不离数学，象数一也。观书所载，曰干支象、曰十神象、曰宫位象、曰神煞象，而象之运用，又曰带象、曰共象、曰合象、曰化象……凡此种种，皆为取象之法门，然象法之用，在于感悟，知其法而不知通变，亦不可行也。曾有人以某女八字示段师，师断此女之夫已丧命于车祸，且身首异处，此即象之用也。学命者若于象法运用纯熟，则断命可达细微，形同亲见。

技法乃盲师不传之秘，以口诀相传，不可以常理推之，所谓公理不可自证，即此谓也。因本书不载，亦不赘言。

吾于甲申年夏始遇段师，师告之曰："八字须竖排。"初不识师意，乃哂之迂腐，及后方知自身浅薄。《系辞》开篇即谓："天尊地卑，乾坤定矣。"干支即天地，尊卑自存。尊卑不分，天地不明，形乱则神散矣。段师之意，实乃对天地之敬畏，对命理之敬畏。敬畏者，信仰之源也，若佛教徒之于佛祖，基督徒之于上帝。敬畏失则信仰没，若学命者于命理本身少了敬畏，失了信仰，又焉敢与人论命哉？况八字竖排，观感直接，天地分则阴阳现，理易明而象易出，于八字之理解亦多裨益。今之学命者，亦有以书写方便为由，而忽略八字排列之形者，实乃不明天地之道也，特书此段，与同道共参。

　　段师新作完成，命予作序，因才疏学浅，提笔之间，诚惶诚恐，唯以对盲派命理之感悟，拉杂成文，一则以谢师教诲，一则以同志相得，愿盲派命理于众人之合力中发扬光大，方不没师之初衷。

庚寅年冬

序（三）

周日新

对超乎现世的追求是人类先天的欲望，人们本能地对未知世界充满好奇和思索。然而千万年的思索和探求并未解除疑惑，古老的问题仍在重复：宇宙是什么？时间是什么？我是谁？我从哪里来到哪里去？真有命运吗？

人类关于自我人生和世界宇宙的思索认识，渐渐累积沉淀，便催生了哲学，也造就了浩瀚丰富的中国传统文化，而究贵贱臻吉凶的命理学则是其中一条亘古不衰的长河。回首算来，我涉足这条河流恍然十五年矣！然时光虚度，直到2005年与段师面晤之后才算初入门径，原来多年都在堂外徘徊。

一、播下种子

我生于东北农村，小时经历过多次村邻请"姑姑"问农事、祭"箩仙"求吉凶的事。大约是七八岁时，一天，一位走街串巷为人预测的盲人被请到家中。先生给很多人都算了命，我们兄弟三人也算了，清晰记得这样一个细节：二哥的卦金是两元，先生说大哥和我是"红卦"，要了每人五元。现在看，先生要的卦金确有道理，大哥和我先后走出家乡进了城市，实现了预测时说的"电灯电话，楼上楼下"，二哥尽管生活也算上是一方乡绅，却终归没能离开田土。这是我最早接触预测的一次经历，无形中播下了我喜欢命理、接触盲派的种子。

二、结识段师

上世纪90年代初，国内刚刚掀起周易热。那时虽在校园，但正课之余不免读易学命，虽然经济拮据，但购置易书却毫不吝啬，诸如《周易与预测学》、《周易预测例题解》、《四柱预测学》、《四柱预测例题解》、《中国古代算命术》等市面能见者悉数购来，当时对照书本给同窗下断语，竟也偶中，现在想来不禁莞尔。工作之后，始终未放弃这一爱好，不断收集资料，先后看过李洪成、李涵辰、张成达、刘立杰、郭耀宗、刘登云等人的书。然缘分使然，均未深入。当时流行的命学理论，看命入手都是先观日主旺衰，次究喜忌，再寻用神，光是日主旺衰就叫人头疼，何况寻找用神了。2000年，我在网络上偶然看到了"卜文命学"，立马被神奇的盲师郝金阳断命故事所吸引，儿时预测的记忆重新被唤起。论命不重日主旺衰、不重用神与众不同的思想震动了我。原来不看旺衰，不寻用神，也能断命，并且断得这么具体，这么惊人。我被紧紧吸引住了。后经过同段建业老师的多次书信往来，感到他待人忠厚，不隐藏弱点，不搞噱头，有一说一，胸怀坦荡，值得信赖；并且段师悟性奇高，通过盲师断语倒推出盲派理论，确有心得，自成一家，非东拼西凑抄书之辈所能比及；便毅然决定从师学习。

三、太原面授

盲派命理思路与众不同，接受了多年流行命书理论灌输的我，乍一接触盲派，真有些"盲盲"然无从入手。虽然段师多次主持面授，但均因路途遥远未能参加。直到2005年我脱产到北京读工硕，因业余时间充足，得以参加了面授学习。这次学习真正使我明白了"命理的本质是表述人生"，并能够初步运用宾主、体用、做功理论，参合五行、十神之象探讨八字了。面对面的学习，近距离的接触，越发感到段师的亲切。段师没有架子，不搞一言堂，允许辩论，能够听取不同声音。特别是段师天性质朴，不藏心机，着实让人敬重。那段跟段师相处的日子很愉快，是一种亦师亦友的感觉。

四、牛刀初试

从太原回来，便认真整理笔记，并用实例来验证。

我的一名同学，乾造：乙巳、己卯、壬午、癸卯。列好四柱，排好大运。看六神，查五行，究宫位，当时是小心翼翼，战战兢兢，先试探道："你看着文雅内向，但其实很有个性，脾气上来，多大领导你都不在乎，对吗？"（劫财帮身，伤官得令透出，又见正官）。"对，太对了，跟单位总工干过，跟上级人事领导干过。在单位因为这我都出名了。"我看到他18岁到28岁行丁丑大运，丁壬合财，应该是结婚运，再查流年，23岁流年丁卯与命局形成丁壬合卯午破有同居破身之象，再就26岁庚午正财午火到位。考虑到23岁可能读书，便断："你不是23岁结婚就是26岁结婚。"对方答道："26岁结婚。对象是同学，处了好几年。"

初试成功让我有些兴奋，便又说了不少，有对有错。断完后他开玩笑说："老弟，我前年去庐山一位老道给我算过，你俩说的差不多，现在你是庐山水平了。"

有一次，偶遇一位在北京做生意的东北老乡。乾造：**丁巳、甲辰、丁酉、庚子**。看他八字，运用段师有关"象"的理论，我跟他说："你的生意可能跟计算机或者网络有关，还可能有房地产。"他马上惊讶说"对，都有！"其实当时我内心的惊叹程度绝不比他小，段师教的东西管用！初战尽管掺杂不少错断，但我毕竟迈出了第一步。实践中我还感到论命必须注意几条：第一，要对理论熟悉，最好烂熟于心，只有这样，才能在八字排出之后快速提取出信息；第二，要经常把玩，使自己有一种状态，这样一个八字出来之后，常常有灵感，或说神来之笔；第三，不要害怕，要大胆下断语，越是怕错，越踌躇，往往越找不到线索，看不出东西；第四，千万不要有功利之心，不要去显示什么，去炫耀什么，尤其初学功力不够的时候，往往越想证实自己，越是适得其反；第五，要经常实践，注意总结，但尽量不要主动给别人去算，算与被算是一组阴阳，纯阳不生，孤阴不长，预测之理，感应之道。

有的学生有缘多次参加段师的面授，感觉每次听课都有新的收获。一方面是学员对盲派理论接受程度的不断提高，另一方面则是段师也在研究进步。段师的这本专著，是他对盲派命学的破解，是他目前所有著作中最有分量的一部，不仅具有十分重要的理论价值，更突出实战技法，是命学理论的一大突破，是命学界的一大幸事。

庚寅于长春

自 序

盲师一派的论命方法，一直是口传心授，是只传盲人不传明眼人的断命绝学。因其决断惊准、出神入化、百不失一而在民间广为传颂。千百年来，研究命学之著作甚多，未有一本能窥其堂奥。我有缘于丁丑年结识盲师郝金阳先生，并亲领其断命之神奇，甚为惊叹，决意拜师学习。然因受"盲派之绝学不能外传"之师训，故他在世时所学甚少。

盲人预测，不看衰旺，不论用神，不讲格局，与所有现成之命学理论相左。然其能做到金口铁断，必有其玄奥。我于2000年之后，始进入盲派命理的研究，之后所著的作品俱是研究之心得。积步成跬，积水成潭，从这些书中可以看出盲派命理的研究是一个非常漫长的过程。如同酿酒一样，师父郝先生留给我的是那宝贵的酒糟，要想出好酒，需要很长时间的发酵。我深知要达到先师的论命境界还有相当的距离，这只是一个起步而已。

盲派命理最核心的地方是在解读命理的方法上与传统命理不同，因为人的命运是由人与外界一切社会关系共同构成的，命理学所要揭示的，就是这种关系，只不过命理是用干支来类象这些关系。所以命理的本质在于表述人生，我们命理师的任务在于解读这种表述，要将抽象的干支符号类化成人生的各种人、事，而将干支之间的关系类化成人事关系，我们将这些解读出来，就是推命了。

郝金阳、夏仲奇两位盲派宗师的相继故去，使得真正的盲派命理已近消亡，留给我们的除了惋惜之外，就是那无尽的追索。本书称《段氏理象学》，是想通过对二位先师留下的断例的研究，找到全新的认知命学的新方法，匡正命学之谬。当然这些方法首先需要通过大量的例证检验，所以书中罗列了许多命例，我们期待着有更多的易友参与盲派命理的研究，并欢迎提出宝贵意见。

感谢我的同学赵宇先生，没有与他的共同研究，难有现在成绩；也感谢学生张卫、言明、孙康在本书的创作中给予的帮助与支持。也愿更多的人学习命理，关注盲派，继承传统，知天达命，为社会大众造福。

段建业

庚寅年于并州

第一章 阴阳五行

第一节 阴阳学说

易曰：一阴一阳谓之道。阴阳学术是中国古人认知世界的哲学方法，认为世间万物都是由阴阳二性构成的。《内经》更明确指出：阴阳者，天地之道也，万物之纲纪，变化之父母，生杀之本始，神明之府也。中国古人认知世界，不是考查世界的组成，而是概括世界运行规律与形态。我们现在知道物质世界是由基本粒子构成的，但基本粒子的运行却完全可以用阴阳理论来概括。量子力学告诉我们，粒子具有波（阴性）与粒子（阳性）二相性，这就是互补原理。量子力学的奠基人波尔借用中国的太极图形象地说明量子行为，真是恰如其分。

古人阴阳的概念，一般在两种意义上的运用，一是作为宇宙间无处不在、普遍流行之气的同义词，阴阳就是气化；二则是泛指宇宙间两种相互对立和作用的势力或性质，矛盾对立和交感是它的根本特征，故天地、水火、向背、进退等一切对立面及其相互作用都可以概称为阴阳。阴阳的对立和交感是宇宙生生不息的最根本的原因所在。

"易"这个字，从其文字的起源和组合来讲，乃是日月二字的合体。日为阳、月为阴，"易"反映的是阴阳的变化。也就是说，"易"的本质是描述宇宙变化发展规律的，宇宙的发展和变化就是由于阴阳的作用引起的，它所遵循的这个规律古人称之为"道"。"道"是宇宙的本质，利用阴阳建立起来的预测术则是认识和求证"道"的一种手段和方法。

那么这种预测术为什么能够把有关人的许多事情预测准确呢？那是因为

人和宇宙天体有着密切的关系。由于太阳、地球、月亮三者的存在，才产生了人类，所以人类社会的一切活动也必然与这三个天体有关。中国古代的阴阳学术与干支学术就是描述日、地、月三者运行周期规律的，预测术就是将人的活动事件与阴阳、干支关联起来，建立的一套推演模型，以达到验证过去，推测未来的目的。

阴阳在人体方面得到了充分的体现。就人的性别而言，男为阳，女为阴。就一个人来说，上为阳，下为阴；背为阳，胸为阴；左为阳，右为阴；外为阳，内为阴，腑为阳，脏为阴……人的一生就是一个阴阳变化的过程。古代中医学就是利用阴阳原理，发展出的一套完整的治病防病的理论，在几千年的临床实践中得到充分应证。术数学也是在阴阳学术的基础上发展出来的，只是它所包含更多"象"的思想与应用，"象"是阴阳基础上更具象的概念，包括五行、八卦、干支学说，正因为"象"能类世间万物，才使得术数学能够成为一种可以预测未来的方法与技能。

第二节　五行学说

古人认为，人出生时秉受天地阴阳五行之气，又受阴阳五行之气的影响，这就形成了人的命运，所以学习命理学应先从认识阴阳五行开始。

五行是什么？并不是说世界是由五种物质构成的，因为古人从不去探讨世界的组成，而是研究世界运行的规律，所以五行思想说的是世界存在有五种力的作用，"行"即为"行动"、"运行"之意。但如果将五行完全的理解成物理上的"力"，那也是不确切的，可以理解成五种不同的气，气既可以是一种作用"力"，也可以是"象"。说到"象"这个概念，是指具备某一共同特征的一类事物。

五行中的水所代表的事物特性是：寒冷、向下、潮湿、滋润，如水、雨、雪、夜、黑色、北方、冬天、冰等。

火的特性是：温热、光亮、向上、升腾、如火焰、光芒、夏天、红色、南方等。

木的特性是：生发、柔和、曲直、舒展，如植物、早晨、春天、东方等。

金的特性是：清凉、洁净、肃降、收敛，如金属、秋天、白色、西方等。

土的特性是：长养、生化、受纳、变化，如土、山、黄色、中央等。

第三节　五行生克

五行学说不仅仅是一种对事物性质的分类，更重要的是它阐明了事物内部运动的一般性规律。也就是说，五行之间的相互关系，既有相生的一面，又有相克的一面，正是因为这种相生相克的作用，宇宙中的事物才会有变化和发展。

五行的相生是指互相滋生、促进、助长的意思。相克，含有互相制约、克制、抑制的意思。

一、五行相生

五行相生：木生火，火生土，土生金，金生水，水生木。

五行相生的含义：

木生火，是因为木性温暖，火隐伏其中，钻木而生火，所以木生火。

火生土，因为火灼热，所以能够焚烧木，木被焚烧后就变成灰烬，灰即土，所以火生土。

土生金，因为金需要隐藏在石里，依附着山，津润而生，聚土成山，有山必生石，所以土生金。

金生水，因为少阴之气（金气）温润流泽，水靠金生，所以金生水。

水生木，因为水温润而使树木生长出来，所以水生木。

二、五行相克

五行相克：木克土，土克水，水克火，火克金，金克木。

五行相克的原理也是从对大自然的观察中归纳总结出来的：

众胜寡，故水胜火。

精胜坚，故火胜金。

刚胜柔，故金胜木。

专胜散，故木胜土。

实胜虚，故土胜水。

在相生的关系中，都有生我、我生两个方面的关系。在命理学中，又将其生克关系演化成六亲关系，即：生我者为父母，我生者为子孙，克我者为官鬼，我克者为妻财，比肩者为兄弟。如日干是庚金，土生金，土为金的父母；火克金，火是金的官鬼；金克木，木是金的妻财；金生水，水是金的子孙；金与金相同，故为比肩为兄弟。妻财，对男人来说，既代表钱财，又代表妻子，官鬼对女人来说，既是官星，又是丈夫。

相生相克像阴阳一样，是事物不可分割的两个方面，没有生就没有事物的发生和成长；没有克，就不能维持事物在发展变化中的平衡与协调，太过、不及都不利于事物的正常发展。所以没有相生就没有相克，没有相克就没有相生。这种生中有克、克中有生、相辅相成、互相为用的关系，推动和维持事物的正常生长、发展与变化。

在五行相生中，生的一方为母方，被生的一方为子方。根据强弱情况不同，有喜生、有忌生几种情形：

1. 若母方过强，喜子方来泄母方：

强土喜金泄；强金喜水泄；强水喜木泄；强木喜火泄；强火喜土泄。

2. 若子方太弱，喜母方生助子方：

弱金喜土生；弱土喜火生；弱火喜木生；弱木喜水生；弱水喜金生。

3. 若母方太弱，怕子方来泄母方：

土弱金多，则土易陷；金弱水多，则金易沉；水弱木多，则水易干；木弱火多，则木易焚；火弱土多，则火易熄。

在五行相克中，也有喜克、忌克之分别，有下列两种情形：

1. 一方过旺，则喜此方受克：

土旺得木，方能疏通；木旺得金，方成栋梁；金旺得火，方成器皿；火旺得水，方成相济；水旺得土，方成池沼。

2. 一方过弱，则忌此方受克：

土弱逢木，必为倾陷；木弱逢金，必为砍折；金弱遇火，必见销熔；火弱遇水，必为熄灭；水弱逢土，必为淤塞。

第四节　五行反常

在五行生克中，我们如果只知道顺生顺克，而不知道反生反克的道理，就不能更好地运用五行的理论来指导人生信息的预测。阴阳五行不仅有生有克、相辅相成又相互制约的一面，还有太过不及的另一面，这就使预测变得复杂化。要想在学习中把握这方面的对立统一关系，必须明宜明忌，变通活用。

一、相生反常

A. 土能生金，有两种情况土不生金：

　1. 燥土不能生金，土燥，因土中含火，性燥，不能生金反脆金。

　2. 土多不能生金，土太多则金被土埋，无法得生。

B. 金能生水，有两种情况金不生水：

　1. 弱金不能生水，金如太弱，自顾不及，无法生水。

　2. 金不能生冷固之水，若在冬季，金寒水冷而不生。

C. 水能生木，有两种情况水不生木：

　1. 水多木漂，水不生木。木无根见水易漂，不受水生。

　2. 寒水不能生木，冬水气寒，木冻难生，要有暖才可生。

D. 木能生火，有一种情况木不生火：

　　湿木不能生火，木被水湿，难以生火。

二、相克反常

A. 土能克水，有三种情况土不能克水：

　　1. 水旺土弱，土不能克水，反有水多土流之患。

　　2. 湿土不克水，土湿，因土中含水，如泥巴一样。

　　3. 金多或金介于其中则土不克水，因土贪生金而忘克水。

B. 水能克火，有两种情况水不能克火：

　　1. 火旺水弱，水不能克火，反有击旺火性之忌。

　　2. 木多或木介于其中则水不克火，因水贪生木而忘克火。

C. 火能克金，有一种情况火不能克金：

　　土多或土介于其中则火不克金，因火贪生土而忘克金。

D. 金能克木，有一种情况金不能克木：

　　水多或水介于其中则金不克木，因金贪生水而忘克木。

E. 木能克土，有两种情况木不能克土：

　　1. 木虚而土顽，木不能克土，土顽，因土燥而干，如同窑烧之土。

　　2. 火多或火介于其中则木不克土，因木贪生火而忘克土。

第五节　五行类象

《易经》用取象类比法来理解世界万物，五行除生克关系外，还有很丰富的类象特征，五行基本类象取之于四季的阴阳变化：春天阳气初升，万物复苏，以木象应之，取象于"生"；夏天阳气旺盛，万物繁茂，以火象应之，取象于"长"；秋天阴气初生而阳气初降，万物凋藏，以金象应之，取象于"收"；冬天阴气至盛而阳气潜藏，以水象应之，取象于"藏"，土则寄生于四季之季月，或以土气秉于季夏月，阴阳气处于平衡，万物成熟待收，取象于"养"。

由生、长、养、收、藏基本类象，再引申推衍，便是五行的扩张类象，可以代表五性、五色、五味、五脏、五方、五气等。人性特点也在其中，所谓性情，指喜怒哀乐爱恶欲之情和仁义礼智信之性，离不开金木水火土的相互关系。常言道：性格决定命运。虽然人之性情随后天之家庭、环境、教育等潜移默化的影响会有所改变，但从人的四柱命局所显示的阴阳五行旺衰生克之中，仍能大体上看出人不易更改的天性本质的一面。除此之外，人的职业选择也与五行相关，这需要借助于干支与十神类象共同把握。

木

体质：木为柔弱而繁茂之体，稳健而优雅之性。色青、碧。寄生于东方。

天干：阳木为甲，阴木为乙。

地支：寅、卯。

颜色：青绿。

气味：酸。

身体：肝与胆互为脏腑表里，又属筋骨与四肢、关节、筋脉、毛发。

人性：木主仁，其性直，其情和。木盛的人长得丰姿秀丽，骨骼修长，手足细腻，口尖发美，面色青白，性情温和，仁慈善良，富有理性。为人有博爱恻隐之心，慈祥恺悌之意，清高慷慨，质朴无伪。木衰之人则个子瘦长，头发稀少，性格偏狭，嫉妒不仁。木气死绝之人则眉眼不正，项长喉结，肌肉干燥，为人鄙下吝啬。

宜木者，喜东方。可从事木材、木器、家具、纺织、针织、建材、装璜、木成品、纸业、种植业、养花业、育树苗、敬神物品、香料、植物性素食等经营和事业。

火

体质：火为内柔外刚之体，明丽炽热之性。色红。寄生于南方。

天干：阳火为丙，阴火为丁。

地支：巳、午。

颜色：红。

气味：辣。

身体：心脏与小肠互为脏腑表里。又属血脉、眼睛、神经系统。

人性：火主礼，其性急，其情恭。火盛之人头小脚长，上尖下阔，浓眉小耳，精神闪烁，为人谦和、恭敬、热情、好礼、急躁、善言、富有幻想、追求华丽。火衰之人则黄瘦尖楞，语言妄诞，诡诈妒毒，做事有始无终。

宜火者，喜南方，可从事放光、照明、照光、演艺、光学、高热、液热、易烧易燃、油类、酒精类、热炊食、食品、理发、化妆品、人身装饰品、文艺、文学、文具、文化、学术、思想、文人、作家、写作、撰文、教师、校长、秘书、出版、公务、政界等方面的经营和事业。

土

体质：土为丰厚而包容之体，中正古朴之性。色黄。寄生于中央。

天干：阳土为戊，阴土为己。

地支：辰、戌、丑、未。

颜色：黄。

气味：甜。

身体：脾与胃互为脏腑表里，又属肠及整个消化系统、皮肉。

人性：土主信，其性重，其情厚。土盛之人圆腰阔鼻，眉清目秀，口才声重。为人忠孝至诚，肚量宽厚，行止稳重，讲求信誉。土气太过则头脑僵化，愚拙不明，内向好静。不及之人面色忧滞，面扁鼻低，为人狠毒乖戾，不讲信用，不通情理。

宜土者，喜中央之地，本地。可从事饮食、土产、地产、农业、畜牧兽类、农人等类、化工、石料、石灰、水泥、建筑、房产买卖、挡水的雨衣、雨伞、雨帆、筑堤、容水物品、当铺、古董、收藏、中间人、律师、管理、买卖、设计、顾问、丧业、筑墓、墓地管理、僧尼等工作和经营。

金

体质：金乃刚坚精粹之体，肃杀锐利之性。色白。寄生于西方。

颜色：白。

气味：苦。

天干：阳金为庚，阴金为辛。

地支：申、酉。

身体：肺、呼吸道、大肠。肺与大肠互为脏腑表里，又属气管及整个呼吸系统及鼻、骨骼、牙齿。

人性：金主义，其性刚，其情烈。金盛之人骨肉相称，面方白净，眉高眼深，体健神清。为人刚毅果断，疏财仗义，深知廉耻。太过则有勇无谋，贪欲不仁。不及则身材瘦小，为人刻薄内毒，喜淫好杀，吝啬贪婪。

宜金者，喜西方。可从事工艺、五金材料、决断、武术、公安、检查、法律、鉴定、清官、总管、汽车、交通、金融、工程、开矿、民意代表、伐木、机械等行业和经营。

水

体质：水为内刚而外柔之体，机敏而灵巧之性。色黑。寄生于北方。

天干：阳水为壬，阴水为癸。

地支：亥、子。

颜色：黑。

气味：咸。

身体：肾与膀胱互为脏腑表里，又属脑、髓、血及泌尿、生殖系统。

人性：水主智，其性聪，其情善。水旺之人面黑有彩，语言温和，为人深思熟虑，足智多谋，善于机变，学识过人。太过则好说事非，飘荡贪淫。不及则人物短小，性情无常，胆小无略，行事反复。

宜水者，喜北方。可从事航海、不燃液体、冰水、鱼类、水产、水利、水物、冷藏、冷冻、打捞、食物买卖、漂游、奔波、流动、连续性、易变化、属水性质、音响性质、清洁性质、海上作业、迁旅、特技表演、运动、导游、旅行、玩具、魔术、来访记者、侦探、旅社、灭火器具、钓鱼器具、医疗业、药物经营、医生、护士等经营和工作。

第二章 十天干

第一节 十天干作用关系

十干者：甲、乙、丙、丁、戊、己、庚、辛、壬、癸，是分阴阳之五行，基本属性是：甲乙属木，丙丁属火，戊己属土，庚辛属金，壬癸属水。甲丙戊庚壬为五阳天干，乙丁己辛癸为五阴天干。天干生克，依于五行生克之理。

一、十干之生

甲乙生丙丁，丙丁生戊己，戊己生庚辛，庚辛生壬癸，壬癸生甲乙。阳可生阳，阳可生阴，阴可生阳，阴可生阴。阳实而阴虚，故以阳生者较强，阴生者较弱；阳大而阴小，故阳生阴者，利阴而不利阳，阴生阳者，阴恃阳长；阳显而阴隐，阳生阳者，气势必增，阴生阴者，其意绝。

二、十干之克

十干相克，阴阳之理尤需细辨，分有情之克与无情之克。以甲乙克戊己为例：

1. 乙见己，两阴相见，克而带伤。其克性暴虐，有损害、压制、破坏之意。
2. 甲见戊，两阳相见，克而不伤，制而有用，可当权力或财富看。
3. 乙见戊，阴阳相见而克，乙能伤戊，同乙见己一样，有损害、破坏之意。

甲乙木见戊己土是这样，其他丙丁火、戊己土、庚辛金、壬癸水同理。

例如，阮玲玉：庚戌年辛巳月己亥日乙亥时

　　　　　年　月　日　时
坤造：**庚　辛　己　乙**
　　　戌　巳　亥　亥

此造于己卯大运乙亥年，因为情所困，自杀身亡。因日主己土怕乙木来克，而乙坐在亥地得旺，日时所逢俱克害自己。七杀主男人，所以男人会对她不好，财生杀为忌，自己花了钱还受气，终于无法忍受折磨而自杀。

　　　　　年　月　日　时
例如，乾造：**戊　甲　戊　丁**
　　　　　子　寅　辰　巳

大运：乙　丙　丁　戊　己　庚
　　　卯　辰　巳　午　未　申

此造戊土日生于甲寅月，甲寅当财，因在月令，所以是公家的钱。戊午运当企业业务经理，子午相冲做贸易生意，为单位赚了不少钱。己运合甲，劫财合了甲，生意被骗，给单位损失几百万之巨，自己辞职赔款。凡阳日主见阳七杀者，为我所喜，可当钱财看。

　　　　　年　月　日　时
例如，乾造：**辛　庚　庚　丙**
　　　　　亥　寅　申　戌

大运：己　戊　丁　丙　乙
　　　丑　子　亥　戌　酉

此造庚日主见丙戌时，丙戌同样当钱财看。月令寅长生丙又与戌拱，寅为别人的财，为一家上市公司经理，高薪加送股，丙戌运发财过亿。

　　　　　年　月　日　时
坤造：**戊　壬　戊　乙**
　　　申　戌　午　卯

此造还有一个同日生在甲寅时的双胞胎姐姐，差一时辰，天差地别。甲寅时因戊喜见甲为财富，所以老公能干，富有百万；乙卯时找的老公很差，没本事夫妻关系还不好，家境贫寒一贫如洗。从此例中可以看出，阳日见阴官星的害处。

三、十干之合

甲己相合，乙庚相合，丙辛相合，丁壬相合，戊癸相合。阴阳异性相见，克中见合，如同男女异性相合而成夫妻：甲为己之夫，己为甲之妻。相合有和合、亲近、管理、控制之意。

阳干合阴，为合财；阴干合阳，为合官。一般而言，阴干合年月官星，为管理控制之意；阳干合财星，分财之虚实，含义又有所不同，虚财主才能，实财主财富。

四、十干之冲

甲庚相冲，乙辛相冲，丙壬相冲、丁癸相冲。向之相对，故可冲；戊己居于中宫，不冲。相冲不仅有相克之意，而且主动。

第二节　十干配象

一、十干配五行、四时、方位

	甲乙	丙丁	戊己	庚辛	壬癸
五 行	木	火	土	金	水
方 位	东方	南方	中央	西方	北方
四 时	春(生)	夏(长)	四季月	秋(收)	冬(藏)

二、十干类象

十干为五行再分阴阳，所以十干类象是五行类象的细化。命理学的精华全在象法，象之原理就是将干支符号与现实生活中的实际事物对应起来，从而从命理中推衍出人生的事件来。十干类象只是最基本类象之一，还有十二地支类象、干支组合类象、宫位类象、十神类象等，所以命理学的象法非常复杂，也充满趣味。

甲（阳木）象：甲木是高大的树木，在天为雷，在地为大树，在人为首领，其物象为：木头、栋梁、电杆、高楼、神位。甲木有公门之意，甲木官、印星多数会入公门。

甲木于人体为头、头面、头发、眉、臂、肢体、肝胆、经脉、神经；于人性为宽仁、磊落、卓立、高贵；其形为"直"。

例如，乾造：
```
    年 月 日 时
    甲 甲 己 丙
    午 戌 丑 寅
```

此造甲木官星合身，又官星配印，寅午戌三合禄局，刑制丑中金，所以官位很高，己卯大运，升任市委书记。

乙（阴木）象：乙木是藤蔓之木，在天为风，在地为禾苗，其物象为：乔木、花木、软木条、藤条、蔬菜、庄稼、绿地、花园、公园、山林、栏杆、毛笔、织物、丝线、手作。乙木在现代社会有传播之象，只要通于年时，多数会表示文字传媒。

乙木于人体为颈、脊柱、手腕、脚腕、胆、头发、经脉；于人性为朴实、善良、柔情、儒雅、仁慈；其形为"曲"。

例如，乾造：
```
    年 月 日 时
    癸 甲 癸 乙
    未 子 丑 卯
```

此人为高级记者、编辑、著名报人。乙卯可象柔软的纸，同时又为食神主思想，思想写在纸上，就是文章。

未为乙卯之库，卯未拱，从年到时连通了，所以为传播业。只是新闻传媒，不涉及影视。

丙（阳火）象：丙火是光焰之火，在天为日，在地为光，其类象为：光芒、帝王、权力、温暖、色彩、变幻、影视、传媒、信息、名气、花朵、靓丽、装饰、城门、宫室、剧场、文章、书画、表面、表演、演说、电、电器。丙火在现代社会有影视传媒之象，配壬水更有色彩之意。

丙火于人体为眼睛、神经、大脑、血压、小肠、肩；于人性为体恤、正面、多言、激情、心思；其形为"大"。

例如，某导演：
```
       年  月  日  时
       庚  庚  丙  壬
       寅  辰  子  辰
```

丙为光，见壬水，阴阳相见，有明暗交错之象，可以类象为影视，所以能成为著名导演。他所执导电影中的女演员都能走红，因庚是女演员，壬与子是她们的才气，丙火一照就出名了。

丁（阴火）象：丁火为灯烛之火，在天为星，在地为灯，其类象为：星光、灵光、灯火、文明、文化、文字、思想、医道、玄学、神学、香火、内心、电、电子、网络、文章、书籍、报刊、荣誉、名望。丁火有文字之意，可以用来表示文化水平的高低。

丁火于人体为眼睛、心脏、血管、神经；于人性为文雅、多思、神秘、智慧；其形为"小"。

例如，乾造：
```
       年  月  日  时
       甲  丁  丁  壬
       午  卯  卯  寅
```

此造博士学历，是名律师。丁主文化，卯主书本，卯午相破，读书能破万卷，所以学历非常高。壬为虚官主名，丁壬相合能成名。

戊（阳土）象：为高岗之土，在天为霞，在地为土，其物象为：大地、山丘、高坡、护岸、城池、政府、建筑、房地产、仓库、停车场、寺院、古董、旧物、涂料、砖瓦、收藏品、完成品、高台、舞台、讲台。戊土独透者，容易当老师，因戊有讲台之象。

戊土于人体为鼻、胃、皮肤、肌肉；于人性为忠厚、慢性子、老成、生硬；其形为"方"。

例如，马云：
年	月	日	时
甲	甲	丁	戊
辰	戌	酉	申

戊土伤官独透，伤官主思想，也主讲台，所以他曾当过八年老师。后创建阿里巴巴，搭建了世界上最大的电子商务平台，还是与戊土之台象有关。

己（阴土）象：为平原之土，在天为云，在地为土，其物象为：田园、庭院、房屋、墓地、平原、土产、农业、水泥、建材、装饰材料、果实、书本、通道、管道、道路、粉尘、脏、斑点、自我。己土临食神，表示爱读书。

己土于人体为脾、腹、皮肤、胰腺；于人性为含蓄、谨慎、多疑；其形为"弯"。

例如，曾国藩：
年	月	日	时
乙	己	丙	己
未	亥	辰	亥

曾国藩有一偕老终身的病，就是皮肤像鱼鳞一样脱落，奇痒无比。命局中己土表示皮肤，己土被亥合，亥主湿，湿毒侵蚀，所以能有此病。

庚（阳金）象：为斧钺之金，在天为霜，在地为金，其物象为：顽铁、铁器、利器、五金、钢材、矿物、矿山、机器、制造业、金融、军队、警察、车、大路、手术、医院。庚金喜火炼方能成器，金旺无火为顽金。

庚金于人体为大肠、大骨骼、骨钙、肺、牙齿、嗓音、脐；于人性为刚强、威武、暴躁、固执；其形为"棱角"。

例如，乾造：
年	月	日	时
丙	甲	庚	戊
寅	午	寅	寅

庚金生于午月，丙旺透出，庚得旺火，如窑炉冶炼，又得戊土相生，如见砂模铸造，所以可以成材。命主为画家、书法家田七，少年成名，人称"鬼才"。

例如，乾造：
年	月	日	时
甲	癸	庚	甲
辰	酉	辰	申

庚金生于酉月，地支满盘土金，命局无火，成顽金。所以不能成才，既无文化，也无手艺。见癸水不能疏泄，反成生锈之象，故子运不顺，脑子就像生锈一样昏昏沉沉。

辛（阴金）象：为首饰之金，在天为月，在地为金，其物象为：金子、珠宝、玉器、钻石、金饰品、晶体、乐器、针、剪刀、笔、钱币、金融、医药、精加工、法律。辛酉金之财，职业有可能会是律师。

辛金于人体为肺、呼吸道、喉咙、鼻腔、耳朵、筋骨、小骨骼；于人性为通达、柔润、灵动、好面子；其形为"致密"。

例如，乾造：
年	月	日	时
辛	乙	丁	庚
亥	未	酉	戌

此人职业为律师。命主取辛金与酉金之财，本身有以法律取财之意，再加之酉戌相穿，戌为伤官，戌能制亥水官星，伤官制官，打官司之意。官在别处，替别人打官司，所以是个律师。

壬（阳水）象：为江河之水，在天为云海，在地为江河湖海，其物象为：大海、水泽、江河、湖泊、航运、运输、贸易、水产、浴业、石油、水彩、运算、数字。在命理应用中，壬水多与数字相关，加上别的组合，其职业容易成为会计师。

壬水于人体为口、膀胱、血液、循环系统；于人性为智谋、好动、任性；其形为"无规则"。

例如，坤造：
年	月	日	时
丁	壬	庚	壬
未	寅	子	午

此人是位注册会计师，壬这里表示运算与数字，食神表示思想，又壬午自合、丁壬相合，脑子里想的全是数字。壬坐财星入到未库，替别人管理财，所以是个会计师。

癸（阴水）象：为雨露之水，在天为雨，在地为泉，其物象为：泉水、霜雪、池塘、结晶、眼泪、墨、水产、浴业、后面、玄学、智业、谋略、美容、提纯物、药。

癸水于人体为肾脏、眼睛、骨髓、脑、精液、经血、津液；于人性为智谋、聪明、机敏、温柔；其形为"圆润"。

例如，玛丽莲·梦露：
年	月	日	时
丙	癸	辛	癸
寅	巳	酉	巳

辛金日主见两癸水，癸水清润，天生丽质。丙与巳官相围，男人围着她。命局金绝在寅，而水绝在巳，故而损寿，庚寅运壬寅年离奇死亡。从命中分析，癸水为药，食神又为药，是因药而死，推其为服毒或服药过量而死。

第三章 十二地支

混沌初分天地，然后有阴阳。清气上升而成天，浊气下降而成地，故而天干为清轻之气，其气纯而易分；地支为重浊之气，其气杂而难辨。天干秉五行之正气，气之强度较弱，依乎地支而存；地支统四时八方，载五行之衰旺生死。故而天干得地气为强旺，不得地气为衰弱。

第一节 十二支与阴阳、五行及十干关系

一、十二地支

十二地支：子、丑、寅、卯、辰、巳、午、未、申、酉、戌、亥。
子、寅、辰、午、申、戌为阳支。
丑、卯、巳、未、酉、亥为阴支。
寅卯属木，寅为阳木，卯为阴木。
巳午属火，午为阳火，巳为阴火。
申酉属金，申为阳金，酉为阴金。
子亥属水，子为阳水，亥为阴水。
辰戌丑未属土，辰戌为阳土，丑未为阴土。
未戌为干土，丑辰为湿土；干土者，其中藏火，湿土者，其内含水。

二、五行本气

木在寅卯，火在巳午，金在申酉，水在亥子，土在辰戌丑未。

三、五行长生

木生于亥，火生于寅，金生于巳，水生于申，土有生于寅和生于申两种说法，盲派命理讲天干土长生在寅，地支土长生在申。四生之地木、火、水为相生之长生，称强长生，在其长生点为旺；惟金生于巳，因巳火本克金，为相克之长生，称弱长生，在其长生点上为弱。

四、五行墓库

木墓在未，火墓在戌，金墓在丑，水墓在辰，土墓在辰、戌。五行坐墓地为通根得气。辰戌丑未全为土质，象征万物死而归土。墓神不分阴阳，甲乙木统墓于未。墓神透干或引出方有用，如无透干或引出，逢刑冲也会有用。

五、五行余气

木旺寅卯，辰为余气；辰为三月属春天，春天木气司令，辰本为土，只得木之余气。其余亦然：未为火余气，戌为金余气，丑为水余气。五行坐其余气亦为通根得气，然余气也为退气，气虽有但无力。墓中余气透干引出方有用，不透干也无用。

六、五行死地

木死于午，火死于酉，金死于子，水死于卯，土死于酉。五行临死地不仅无气，且为死亡的象征。

七、五行绝地

木绝于申，火绝于亥，金绝于寅，水绝于巳，土绝于亥。五行临绝地也为无气，是气形消亡的象征。

八、十干本气

五行在其本气点最强，分阴阳十干来看，又有禄刃之别。禄为天干本气之归支，是干在支中之司权；刃为阳干禄过而太旺，成为他害之物，如同刀剑一般。如：甲禄在寅，乙禄在卯，甲刃在卯；丙禄在巳，丁禄在午，丙刃在午；庚禄在申，辛禄在酉，庚刃在酉；壬禄在亥，癸禄在子，壬刃在子。土之禄刃比较特殊，与火接近，戊禄在巳，己禄在午，戊刃在午、未。辰戌是戊之本气，丑未是己之本气，但不是戊己土的禄刃。

九、十干状态

十天干对应十二地支，有十二种状态，即：长生、沐浴、冠带、临官、帝旺、衰、病、死、墓、绝、胎、养。初学者需要先学会最常用的五种状态，即：长生、旺（禄、刃）、死、墓、绝，且采用阴阳干同生同死，即甲乙木同生在亥，旺于寅卯、墓于未、死于午、绝于申。其余天干仿此。有关十天干的其他状态及阴阳不同长生的用法，难度较大，不在本书中论述。

	甲	乙	丙	丁	戊	己	庚	辛	壬	癸
禄	寅	卯	巳	午	巳	午	申	酉	亥	子
刃	卯		午		午、未		酉		子	
长生	亥		寅		寅		巳		申	
墓库	未		戌		戌	辰	丑		辰	
余气	辰		未				戌		丑	
死	午		酉		酉		子		卯	
绝	申		亥		亥		寅		巳	

十、地支遁藏

天干为天元，地支为地元，地支所藏者为人元。地支除本气外还有含气。如寅本气为木，因是火的长生点，故而含火，又是土的长生点，故而含土。总结起来，地支遁藏也有规律。

寅申巳亥为四长生点，除本气以外含有各自的长生之气。因土有长生在寅和申两种情况，寅与申中都含有土；巳为土之禄旺地也含土；亥中无土。长生如同初长的婴儿，阳气充足，故而寅申巳亥本气、含气全为阳。

子午卯酉为四帝旺点，占天地之四极，故气专而强。除午是土之禄旺地含有土，其余只有本气，没有含气。物盛则亏，器满则损，帝旺如同茂盛的花木，英花泄尽，阳极反阴，故而子午卯酉本气、含气全为阴。

辰戌丑未为四墓库点，除本气全土外，还含有所墓之气和余气。物之终结，归藏于墓，故而墓中所含之气全为阴；但墓库本气之土分阴阳，辰戌为阳土，丑未为阴土。

为了帮助记忆，现编口诀如下：

子藏癸水在其中，丑中癸辛己土同。
寅藏甲木和丙戊，卯中乙木独相逢。
辰藏乙木兼戊癸，巳中庚金有丙戊。
午藏丁火并己土，未中乙己丁共中。
申藏戊土庚行壬，酉中辛金独丰隆。
戌藏辛金及丁戊，亥中壬水甲木存。

列表如下：

	子	丑	寅	卯	辰	巳	午	未	申	酉	戌	亥
藏干	癸	己辛癸	甲丙戊	乙	戊癸乙	丙戊庚	丁己	己乙丁	庚壬戊	辛	戊丁辛	壬甲

第二节 十二地支配时间、方位、属相

一、十二地支与四时方位

寅卯辰为春季，巳午未为夏季，申酉戌为秋季，亥子丑为冬季。其中辰戌丑未在每个季度的最后一个月，皆因土旺于四季月，故为四季土。

子为正北，丑寅为东北，卯为正东，辰巳为东南，午为正南，未申为西南，酉为正西，戌亥为西北。地支统八方之域。

二、十二地支配月建

正月建寅，二月建卯，三月建辰，四月建巳，五月建午，六月建未，七月建申，八月建酉，九月建戌，十月建亥，十一月建子，十二月建丑。

此十二个月从节令而走，非阴历也非阳历。即正月建寅，是寅木当令，而寅木当令必在立春后才能行使生杀之权，交了惊蛰节，即是卯木当令，其余依此类推。

三、十二地支配十二时辰

子时：时间为23~1点　丑时：时间为1~3点

寅时：时间为3~5点　卯时：时间为5~7点

辰时：时间为7~9点　巳时：时间为9~11点

午时：时间为11~13点　未时：时间为13~15点

申时：时间为15~17点　酉时：时间为17~19点

戌时：时间为19~21点　亥时：时间为21~23点

子时者，即夜半11点以后至凌晨1点以前，故预测时一定要搞清是整点前还是整点后出生。须特别指出的是，古时将子时分为晚子时和早子时，即半夜12点前为晚子时，12点后为早子时，在排四柱时所纳天干是不同的。

四、十二地支配生肖及十二支数

子鼠为1，丑牛为2，寅虎为3，卯兔为4，辰龙为5，巳蛇为6，午马为7，未羊为8，申猴为9，酉鸡为10，戌狗为11，亥猪为12。

列表如下：

十二支	寅	卯	辰	巳	午	未	申	酉	戌	亥	子	丑
五行	木	木	土	火	火	土	金	金	土	水	水	土
四时	春			夏			秋			冬		
月份	正	二	三	四	五	六	七	八	九	十	十一	十二
时间	3～5点	5～7点	7～9点	9～11点	11～13点	13～15点	15～17点	17～19点	19～21点	21～23点	23～1点	1～3点
属相	虎	兔	龙	蛇	马	羊	猴	鸡	狗	猪	鼠	牛
方位	东北	东	东南	东南	南	西南	西南	西	西北	西北	北	东北

第三节 十二支作用关系

一、十二支相合

1. 十二支六合

子与丑合，寅与亥合，卯与戌合，辰与酉合，巳与申合，午与未合。

地支六合是四柱中最紧密的合，象征结亲，与天干一样，也是和合、亲近、羁绊之意。地支六合并不讲合化，只讲合，但合的用法又需细别。

①合绊：六合之合，只要相邻都有合绊之意。合绊就是相合双方都相互羁绊，失去原来特性或离开原来位置。凡命中遇到六合，都需要细细识别合的含义，以确定吉凶喜忌。

例如，乾造：
年　月　日　时
甲　丙　己　庚
辰　寅　亥　午

原局寅亥相合，妻宫之妻星被月令合绊，这种合主不利婚姻，表示自己的妻子离开妻宫的位置，跟外边的东西合了。果然，结婚不久，便离异。

再例，乾造：
年　月　日　时
癸　甲　丁　甲
巳　子　酉　辰

原局辰酉相合，妻宫之妻星被时支合绊，妻子出走之象。酉财之妻走后，辰伤官代表另外的女人合进来，辰也成为妻。

②合克、合制：卯与戌合，戌土受克；巳与申合，申金受克，如局中金水旺时，则巳火受克；子与丑合，子水被合制。合中带克，有被制、得到的意思。

例如，乾造：
年　月　日　时
壬　乙　乙　甲
子　巳　巳　申

命局巳申相合，制申金官星之意，制官取财。申中带印临于门户，所以他是一个开店的，开了几家服装店。

再例，乾造：
年　月　日　时
甲　甲　癸　甲
辰　戌　卯　寅

命局卯戌相合，食神合制财库，辰戌冲，财库又被冲开的，所以此造能发大财。搞建筑起家，亿万富翁。

③闭气：子丑合，丑中之金闭气；辰酉合，辰中之水闭气；午未合，未中之木闭气；卯戌合，戌中火闭气。闭气则不能流行，不能引拔，成无用之物，只有逢冲才可用。

例如，坤造：
年	月	日	时
丙	甲	己	辛
辰	午	未	未

此造是一位女博士，至今尚未结婚。因夫宫坐官杀之墓，墓不开，又午未合，禄神合闭，故以后会单身过，因禄主自己之意。

再例，乾造：
年	月	日	时
甲	癸	丁	庚
寅	酉	丑	子

原局子丑合，有合闭财库之象。所以大运行至子运，财库被关，没有财运。行至丑运，丑来合子，虽财库也闭，但能得到子水杀星，故此运大吉，收入颇高。

④合伤：辰酉合，辰中之木被酉金克伤；寅亥合，寅中之火被亥水克伤。

例如，乾造：
年	月	日	时
丁	戊	癸	甲
酉	子	亥	寅

此造原局金水偏旺，寅亥之合，合伤寅中丙火，寅主头，亥主血，寅中丙为维持生命的阳气，此为脑出血之象。行未运戊子年，死于脑出血。

例如，乾造：
年	月	日	时
甲	癸	庚	甲
辰	酉	辰	申

局中辰酉相合，合伤辰中木，使甲辰一柱的甲气受伤减弱，癸水生之则

无用，一方面表示他的伤官不能生出财来，自己很难通过技能来赚钱；另一方面也表示有损祖财，父无家业。

⑤合动：指流年合四柱中字，或流年合大运中字，都为合动，合动的地支在此年起作用，影响命局。

例如，乾造：
年	月	日	时
壬	甲	癸	乙
辰	辰	巳	卯

此命为黑道老大，申运癸酉年犯事被枪决。应癸酉年者，原局食神卯木被辰穿坏，酉年合动辰土，直穿卯木。

再例，坤造：
年	月	日	时
戊	戊	甲	壬
寅	午	午	申

大运：03 丁　13 丙
　　　　　巳　　　辰

这个小孩子在2004甲申年被车压伤腿脚。寅为禄在年上为腿脚，原局虽有寅申之冲，但若无大运巳来穿寅，则不至于出车祸。大运巳穿坏寅木，流年甲申，巳申之合引动大运，穿之应伤灾。

2. 十二支三合局

申子辰合化水局，亥卯未合化木局，寅午戌合化火局，巳酉丑合化金局。

三合局是长生、帝旺与墓库三者相聚而成的局，也称党局，类似于社会关系中的结党，其局的主要体现是有一个目标与核心，我们将中神当作党魁或纲领，其他两神都是佐神。三合局之气归于中神，会加强中神之力量。三合局有一定的亲密性，但比六合的紧密性差一些。三合局差一字称半合局，半合局之成局力量自然小于全合。

生地半合局：亥卯半合木局，寅午半合火局，巳酉半合金局，申子半合水局。

墓地半合局：卯未半合木局，午戌半合火局，酉丑半合金局，子辰半合水局。

拱局：亥未拱木局，寅戌拱火局，巳丑拱金局，申辰拱水局。

例如，慈禧：
年	月	日	时
乙	丁	乙	己
未	亥	丑	卯

亥卯未三合木局，时支卯中神，正是她的禄神，自己独占全局，而又以我为中心。命局意在制坐支七杀库，加之未冲丑库，开了杀库，制之干净，故能攫取最高权力。

再例，乾造：
年	月	日	时
辛	庚	丙	丁
卯	子	申	酉

申子半合水局，局中金之气归于水，子水为官星，在这里表示财富。行未运，穿制子水，发财数百万。

又例，乾造：
年	月	日	时
丙	庚	丙	庚
午	寅	辰	子

坐下官库，子辰相拱局，从库中拱出官星，官星带财，所以是个管财的官。行午运冲子水而官星发用，升至处级。

又例，乾造：
年	月	日	时
戊	甲	庚	戊
戌	寅	申	寅

年上戌土为官杀之库，与两寅相拱，拱出旺官。命局两寅夹申，财与官围着他转。戊土透于时上生助日主，戊印代戌为权，故他能掌重权，是个政府官员。

3. 暗合

寅丑暗合，午亥暗合，卯申暗合。

暗合是指地支藏干而相合。如寅丑暗合是寅中的戊土和丑中的癸水相合，寅中的丙火和丑中的辛金相合，寅中的甲木和丑中的己土相合；午亥暗合是午中的丁火和亥中的壬水相合，午中己土和亥中甲木相合；卯申暗合是卯中的乙木和申中庚金相合。

暗合有一定的紧密性，比六合紧密性差而比三合局紧密性强。

例如，乾造：

年	月	日	时
甲	丁	乙	乙
寅	丑	丑	酉

命局丑为妻星，寅为劫财，寅丑暗合，妻子与外人相通，故而头妻离异。

例如，乾造：

年	月	日	时
戊	壬	辛	甲
戌	戌	亥	午

命局午亥暗合，伤官合杀，其意为日主的才智为官方所用，所以他是个官员。午戌相拱，午戌都为官方，然壬水伤官被戊戌所克，最后被官方所杀。

二、十二支相冲

子午相冲，丑未相冲，寅申相冲，卯酉相冲，辰戌相冲，巳亥相冲。

六冲，是位置相对应，五行有相克，有冲突、相战之意。除了地位对冲，还有支中所藏人元冲克之意。子午相冲，子中癸水克午中丁火，午藏己土克子中癸水。丑未相冲，丑中辛金克未中乙木，未中己土、丁火克丑中癸水、辛金。辰戌相冲，辰中癸水克戌中丁火，戌中辛金克辰中乙木。巳亥相冲，巳中庚金克亥中甲木，亥中壬水克巳中丙火。

六冲中，水火之冲可以根据力量对比而互克，即水旺可以克火，火旺可以克水；金木之冲则只能金克木而没有木克金之说；墓库之冲则为开库或制库。

相冲在四柱中有相邻相冲和隔位相冲。相邻近冲则力量大，隔位相冲则力量小。地支相冲视其情形有不同的作用。

1. 相冲的本义是往来互换

什么是往来互换？就是你的东西给我，我的东西给你。相冲是两者建立一种相互往来的关联性。所以，冲表示得到、互有、交换、保持联系，所以相冲一般不具有破坏性，只有在冲中带克的情况下，才有冲坏的可能性。

例如，坤造：

	年	月	日	时
	壬	丙	己	辛
	子	午	巳	未

原局子午相冲，财星冲禄，这个冲可以表示财物交换，故她是个做贸易的。壬子可表示父，除午冲子之外，还是未穿子，巳绝子，所以命带克父，很小的时候，父亲就走了，再无任何联系。

再例，坤造：

	年	月	日	时
	癸	辛	癸	庚
	卯	酉	酉	申

年月卯酉相冲，金多木少，制木之意。四柱无财，卯为财之原神，表示财的源头，是更大级别的钱财，卯酉冲主钱财的进出与往来。实际此女为一家银行行长，金有金融之意。

又例，戴安娜王妃：

	年	月	日	时
	辛	甲	乙	丙
	丑	午	未	戌

此造未为夫宫，辛丑为夫星，丑未相冲，夫宫与夫星保持关联，表示她与查尔斯王储建立的婚姻关系。然不喜丑被午穿，而未被戌刑，所以这个婚姻会走向破裂。后于戌运丙子年，离婚。

2. 四墓相冲则开墓变库

四墓神为辰、戌、丑、未，如无冲刑，则如同坟墓一样，墓中之物没有任何用处。墓相冲则变为库，就像家中的仓库一样，里边的东西随便取用。所以，凡遇墓者都喜冲而开墓。

例如，希腊船王奥纳西斯：

年	月	日	时
乙	己	己	庚
巳	丑	未	午

局中丑未相冲，开月令的伤官库，开库的同时将库中的伤官与财星全制服了，所以能成巨富。

再例，乾造：

年	月	日	时
壬	戊	辛	丙
子	申	未	申

此命是一光棍汉，因家境不好，自己没有本事，所以一直讨不到老婆。从命中看坐支未为财库，但没有冲开，再加之大运不行冲墓之运，墓不开则无婚姻。

又例，坤造：

年	月	日	时
甲	庚	己	丁
午	午	未	卯

此女坐支官杀之墓不开，是一个婚姻不幸的命。因为有甲己相合，曾有过婚姻但离异。大运行至乙丑运，冲开坐支的杀墓，找到新的幸福，且冲墓成库，丑运做生意发财。在乙丑运之前，从事记者职业，无大财可发。

3. 相冲能冲起、冲动、冲坏

冲起与冲动，都是流年冲命局或流年冲大运。合能合动，冲也可以冲动，但一般要求所冲之字必须旺相才行，如果太弱无助，流年再冲，也可以冲坏。如果大运冲四柱中字，一般都会冲坏或冲去。

例如，乾造：

年	月	日	时
庚	癸	己	丙
午	未	卯	寅

此造为宗师郝金阳命，己丑年因爆炸而双目失明。原局癸水代表眼中瞳

仁，癸水本弱，又坐于未墓，己丑流年，己来克癸，丑冲起未墓而发用，故而失明。

再例，坤造：
年　月　日　时
辛　癸　丁　癸
亥　巳　未　卯

大运行入酉运，再逢己丑流年看吉凶。

分析：单看己丑流年，是财库冲到自己，主发财之意，但再看大运酉，火土之气走到衰地，丑冲未在开财库的同时，会坏了未土，伤及命主根基，因为丁未之未托命丁火，不可以被坏，结论先吉后凶。

果然此年承揽一笔工程准备赚一笔大钱，结果此工程干到一半被政府强拆，反赔了一大笔钱。

又例，唐明皇李隆基：
年　月　日　时
乙　乙　戊　戊
酉　酉　寅　午

大运行至壬午大运，逢壬子流年，发动政变逼死太平公主，自己当上皇帝。此因流年冲大运，冲大运中的午火印星发动，午印为权力，故得到权力。

又例，乾造：
年　月　日　时
辛　戊　己　癸
卯　戌　亥　酉

大运行至癸巳运的巳运，冲坐支亥水财星，是发财还是破财？

分析：日主己土坐财邻财，财星偏重，月令之劫帮之不及，行巳运正是月令帮助自己冲去过重之财，应为发财大运。

果然，巳运单做股票，就发财一千多万。

三、十二支相穿

子未相穿，丑午相穿，寅巳相穿，卯辰相穿，申亥相穿，酉戌相穿。

冲其合神者相穿，如子要与丑合，但未要冲丑，则子未相穿，象征仇敌。盲派命理特别注重穿，因其危害力非常之大。

相穿的含义有：不容、排斥、暴力、破坏、伤害、死仇、冲刺、作用、运动。具体到每一种穿，含义都会不同。

以相克又带穿的情况最严重，包括子未穿、卯辰穿、酉戌穿（戌为燥土，以火性来看，能克酉）。相克带穿除有穿的含义外，还有制服之意。

丑午穿与寅巳穿虽是相生来穿，穿力也很大。因午、寅、巳都是阳性地支，能量较大，伤害程度不可小视。

申亥穿力量最弱，因申与亥都是阴性地支，阳主动，阴主静，所以伤害程度较小。

穿除了破坏之外，还有一层意思就是"倒"，正的东西可以穿偏，偏的东西也可以穿正。"倒"表示立不住或倒向相反的一面，故也常将"穿"说成是"穿倒"。

例如，戴笠：
年 月 日 时
丁 乙 丙 丁
酉 巳 戌 酉

戴笠是特务头子，以暗杀为职业，命局中酉戌相穿就表示他的职业。戌为刃库，表示枪弹或武装手段，丙坐于戌上，表示他统治一群这样的人；酉财表示人，上克下穿，就是杀害人之意。

再例，乾造：
年 月 日 时
戊 甲 己 戊
戌 子 未 辰

这是一位很有名气的书法家，至今没有结婚，为何此命与婚无缘呢？因妻宫未与妻星相穿之故，穿为排斥之意，女人进不了他的家中，只能单身。

又例，乾造：
年 月 日 时
丙 辛 丙 丁
子 卯 辰 酉

此命丙日主坐支辰为食神，食神之心性表示心眼好，宽仁大度之意。不幸却被卯木穿倒，谓穿倒食神，心性走向食神相反的方向去了，所以可以判断这个人心眼小，不仁不义，过河拆桥，事实确实如此。

又例，玛丽莲·梦露：
	年	月	日	时
	丙	癸	辛	癸
	寅	巳	酉	巳

这个四柱的寅巳穿代表什么意思？首先，寅财星代表父亲，被两巳穿，克父之意。事实上她是个私生子，父亲是谁都不知道。再有丙寅一柱有丙辛之合，丙为官可以代表丈夫，因为被穿，婚姻要离。

四、十二支相刑

三刑有二，即寅巳申与丑未戌三刑。其他书中所言子卯相刑，其实是相破；辰午酉亥自刑的说法也不应验。

三刑的用法近于六冲，并不表示刑法、罪恶与疾病，与六冲略有区别的地方在于三刑全时有责难、受过、废弃、损坏之意。还有，寅巳申与丑戌未三刑都可以分开来解：寅与巳以相穿为主，寅与申以六冲为主，申与巳以六合为主，刑只是一种附带的作用，只有三者同时出现时，刑的意思就明显了；丑与未以六冲为主，只有丑戌与未戌以刑看，且其用法与冲基本相同，只有丑戌未三者俱现，刑的意思就明显了。

例如，乾造：
	年	月	日	时
	丁	癸	戊	甲
	未	丑	戌	子

此造丑未戌三刑全具，我们分析刑坏了什么？

首先刑到比劫，伤克兄弟，实际死了一弟一姐。

月令财星癸坐丑，丑被刑波及癸财，财这里可以表示父亲，也可能表示妻子。实际父五十岁过世，自己无妻，有女人也是短暂情缘。

再例，乾造：
	年	月	日	时
	甲	壬	庚	辛
	寅	申	寅	巳

此造结婚十余年没有孩子，分析原因：逢寅巳申三刑，时上七杀被刑

坏，坐支财星及所含的七杀也被刑坏，子息星被坏，故而无孩子。

五、地支相破

命理诸书都不曾讲过破，只有盲派讲地支六破的用法。其为：子破卯，卯破午；也可以反过来破，即卯破子，午破卯。

我们只知，水可以生木，木可以生火，但相破时就不一样了，子水不生卯木，卯木不生午火，除不生之外，破还有无情、破坏、破解、成碎片、血光、腐蚀、废弃、破耗财产、漏洞、不完整等意思。

例如，坤造：

年	月	日	时
辛	辛	丙	甲
卯	丑	辰	午

这是盲师夏仲奇一断例，断她为制衣厂或刺绣厂的小官。事实上她是刺绣厂的一个车间主任。为何会有此断，我们分析她原局中出现卯午相破，卯象征布，卯午之破就是将布破开的意思，辛是针，破了再缝，就是她的职业。

再例，乾造：

年	月	日	时
壬	癸	壬	丙
子	卯	子	午

这是盲师郝金阳断的一个乞丐命，为何会有此断？

分析：局中时柱见财，时表门户，一出门就见财，子午相冲，表示财冲入我家，并无不妥。坏在卯来破午，被破的财就可以表示零钱，我们的日常口语中也常讲把整钱破成零钱，所以这一破财，就表示他一出门得到的财是零碎钱，乞丐命无疑。

又例，坤造：

年	月	日	时
癸	甲	癸	癸
巳	子	卯	亥

原局子卯相破，破到禄神，禄主身体，破则有伤。如不是做过手术，也会主受过刀具之伤。事实上做过手术。

六、地支之墓

辰为水墓、戌为火墓、未为木墓、丑为金墓，盲师派命理将地支之墓看作地支作用的一种重要方式，墓表示收藏、获取、控制、扩充、占有诸多意思，有时还表示人的死亡。地支之墓有如下原则：

1. 寅、申、巳、亥四大长生点，见其各自的墓库为入墓，子、午、卯、酉见其墓一般不作入墓看，当拱局看。

2. 如原局有寅，大运见未，为入大运墓；反之原局有未而大运见寅，为引出墓中之物，反主墓中物得用。其余仿此。

3. 多而墓之，即只要是天干地支合在一起，有两个或两个以上，见墓即入，如辛酉柱见丑，即辛酉入丑墓，不论酉丑拱局；再如两酉见一丑，论两酉入丑墓，不论拱局。

4. 天干坐墓，不以入墓看。如辛丑一柱，辛不能当入丑墓看。

5. 地支土之墓库比较特别，丑入辰墓，未也入辰墓；但当丑未辰都出现时，丑则被墓，丑未不冲。

列表如下：

墓神	辰	戌	丑	未
地支	亥、丑、未	巳	申	寅

多而墓之例：

例一，乾造：
    年 月 日 时
    壬 己 辛 己
    子 酉 酉 丑

此为一黑社会头目，于子运辛巳年被判无期，原因是什么？

分析：辛酉日见丑为墓，月令又加一酉，更主入墓。丑在这里有两方面的含义，一方面表示黑社会，丑来合子，子主财，得财之象，搞了很多黑财；另一方面丑表示牢狱，所以这种组合的下场最后全会坐牢。

```
          年  月  日  时
例二，乾造：戊  戊  戊  甲
          戌  午  午  寅
```

此造两午并见，见戌便以入墓看，而不以寅午戌三合局看。印星入比劫墓，印星被坏，印不能化杀，所以不仅没有正当职业，而且穷困不堪，无妻无子。

丑入辰墓与未入辰墓例：

```
          年  月  日  时
例一，乾造：乙  己  壬  辛
          巳  丑  辰  丑
```

此造两丑入辰墓，丑为官星与财星相连，官统财，丑这里代表财富，故能发大财。戌运五年发财数亿，后因犯事坐牢。

```
          年  月  日  时
例二，乾造：己  辛  戊  甲
          卯  未  辰  寅
```

寅卯入未墓（多而墓之），未为七杀之墓，就是权力中心之意，而未土在四柱中又是羊刃，羊刃又有军队的意思，说明他是个军官。未入辰墓，自己控制着军队。实际正是，此人是军中师级干部。

第四节 地支的其他特性

我们将五行与干支中具有特殊性质与内涵的单独摘出来，进行较详细地解析，以便更好地理解掌握它们。

一、辰戌丑未特性

辰为温湿之土；戌为干燥之土；丑为寒湿之土；未为热燥之土。

1. 对于水来讲，戌土与未土克水力大，但戌主要是克亥水，未主要是克子水；辰土与丑土原则上不克水，但亥见辰为墓水，子见丑为合绊水。如壬辰一柱或癸丑一柱，反为得水之根，主水旺。

2. 对于火来讲，戌土与未土基本上不晦火；辰土与丑土晦火，辰更容易晦巳火，丑见午火，晦之更甚。

3. 对于金来讲，戌土与未土不能生金，反是脆金、制金；而辰土与丑土则能生金。

4. 对于土来讲，戌土与未土帮土之力大；辰丑像是泥巴，帮土力很小，几乎不帮土。

5. 辰、戌、丑、未四墓神，如寅申巳亥见各自的墓库，都以入墓论，而子午卯酉见各自的墓，因有半合局的关系，不以墓论，除非多现，以墓论。

二、木的死活

在四柱中，木有死木与活木之分，这种区别同我们日常生活中见到的一样，一种就是树木或草木，为活木；一种是木材或由木材加工的东西，这两者在性质上是完全不同的。

什么是活木？有水生又有根之木为活木，两条件必须同时具备，只有水生而没有根或只有根而没有水，都不是活木。什么是死木？无根或无水之木为死木。

1. 活木与死木见火意思不一样：活木是有生命的木，见火为木之花朵、秀气之发越；死木为木材，见火为燃烧，一般死木不敢见旺火，否则容易焚烬而遭短寿。

2. 活木与死木见金情况相异：活木怕埋根之铁，即怕金坏木之根，这样木就不易生长，如：甲辰本为活木，辰酉合，酉金铲断辰中乙木，甲木就受伤；死木不怕金克，金能劈木生火，利其燃烧。

3. 活木与死木遇水（包括大运之水）情形又不同：活木喜水，尤其生于夏天或比较干的活木更喜欢水生；相反，死木见水则坏了，一种情况是水多容易腐烂，另一种是水湿木而不能去生火。

4. 木遇空亡时，象木之心空了，如为活木，则长得不会很健壮。如为死木，则难以成材。

5. 活木之根可以阴阳互根，如甲日见卯、乙日见寅都为日主自己的根；死木之根不可互用，甲日见卯为另外的木，非日主本身的根。

例如，岳飞：

	年	月	日	时
	癸	乙	甲	己
	未	卯	子	巳

岳飞的甲木算活木还是死木？有卯木之根，又有子水，但因为子水并不生卯木，也不生甲木，这个水是没用的，所以算死木。死木怕水，故命局喜未来穿制子，未能墓乙卯羊刃（多而墓之），未为军营，穿制子印表示军权，故为元帅。行亥运木得长生，死木怕水来生，凶。

再例，乾造：

	年	月	日	时
	戊	己	乙	丁
	戌	未	巳	亥

这个命乙木是活木还是死木？虽有巳亥冲亥，但亥为木的长生，又与月令未拱木，就如夏天生的庄稼一样，所以是活木。喜行亥运，发财；行戌运最差。由此可见，木见亥水者，多数为活木，见子水则需要仔细甄别。

三、巳火的特殊性

巳属性是火，但又是金的长生，故它兼有双重性：当火旺有木生时，巳火表现克金的性质；当火弱时，巳见丑和酉就会归顺于金，合金局助金。它是十二支中唯一的性质随环境能改变的一支。四柱中遇到巳火时，要看其局中是木火旺还是金水旺，以确定它的性质。但有时它还能随着大运的改变而发生变化，遇之要细心辨识。

例如，袁世凯：

	年	月	日	时
	己	癸	丁	丁
	未	酉	巳	未

袁世凯命局有巳酉合局，但原局火与燥土势旺，这个巳表现为制酉金之

意。因巳的两面性，当火势变弱时，巳火就不再克酉而成生助酉金。果然，行到辰运火势被泄，巳不制酉反拱金局，原局反局，丢官罢职，赋闲归隐。

第五节　十二地支类象

十二地支类象与十天干类象一样，是看一个人职业或从事行业的重要依据，也是盲师派命理的核心内容，可以为我们辨明事情的细节及事物发展的详细脉络提供依据。

春夏秋冬四季轮回，由一年中太阳照射地球角度不同，北半球产生寒热温凉的气温变化。这种变化以类象的方式描述，即春温主生，夏热主长，秋凉主收，冬寒主藏。十二地支之象是依据四季之象而来，只不过更加细化。

寅（阳木）象：寅之象类似于甲，具备甲象的几乎所有特点。它是阳木，表示木质的象有：树木、木材、家具、电杆；除此以外，引申为高大、高贵、生发、生机、初始等。其象有：高楼、堂庙、会所、首领、公门、官府、奖赏；另外因其含火，还可类象为：枪弹、发动机、动力、武装、暴力。

寅木于人体为头、脑、心、手、肢体、肝胆、毛发、指甲、掌、经络、脉、筋、神经；应其病多为中风、头疾；动物为：虎、豹、猫。

例如，坤造：
```
    年 月 日 时
    丁 丙 丙 丁
    酉 午 寅 酉
```

此人为银行官员，如何看出？

寅为公门，主公家部门。两丁克住两酉财，管财之意。酉财是阴财，有执法之象。实际是在银行管理监督不良资产的官员。

卯（阴木）象：卯之象类似于乙，具备乙象的特点。它是阴木，表示木性的象有：草木、花木、藤条、木条；凡弯曲、细软的东西，都可以类象于卯，如：丝线、绳索、织物等；除此以外，还有别的引申，如：建材、钢筋、门窗、波、传播、漫延、释放、报刊。

卯木于人体为肝胆、四肢、手臂、手指、脚腕、脖子、腰、筋、毛发；应其病多为转筋、体痛；动物为：貉、兔、狐。

例如，乾造：
年　月　日　时
丁　癸　辛　丁
未　卯　卯　酉

此命为一搞建筑的老板，两卯与未组成土木建筑之象，这里的卯木可以理解成钢筋，未土则为水泥。卯酉之冲，冲出墓中之财，己亥运发。

辰（湿土）象：辰为阳土，其性温湿，表示其土本性的象有：泥巴、水库、池塘、堤岸、水井、田园。因其为水的库，中含癸水，所以引申出与癸、子水相关的象，如：车辆、机器、计算机、网络、化工（精细提纯类）；除此之外，辰土之象还有：牢狱、中药、大机构、大市场等。

辰土于人体为膀胱、肾、内分泌、胰腺、肌肤、肩、胸、腹、胃、肋；应其病多为癃闭或肿瘤；动物为：蛟、鱼、龙。

例如，乔布斯：
年　月　日　时
乙　戊　丙　庚
未　寅　辰　寅

乔布斯是个人电脑的发明人，我们从他命局来找电脑的象是如何体现的：乙木为线，未为集成电路，表示主板；寅为动力也主心脏，表示CPU；寅入未墓，未入辰墓，辰中含有子、癸，子为转动、运算之意，表示硬盘与内存，辰为食神主思想，也可以表示软件或操作系统；丙为显示器，丙辰一柱，台式电脑之象活生生表示出来。

巳（阴火）象：巳火占阴位而藏阳，实际上阴火特点比较明显，其象与丁火比较接近，有文明、文化之象征，其象为：文章、思想、幻想、务虚；

又可以引申为：色彩、影像、靓丽、图像、网络、变化；巳同于八卦的巽卦，所以还有道观、交易、闹市之意。

巳火于人体为心脏、三焦、咽喉、面、齿、眼目、神经、小肠、肛门；应其病多为齿痛、目疾；动物为：蛇、蚓、蟑。

例如，坤造：

	年	月	日	时
	癸	丁	癸	癸
	卯	巳	丑	亥

此造是做服装生意的，开有几个门店。从命局中看，卯木生巳火成财，卯为织物，卯生巳，其象为织物加工成漂亮的服装，巳亥冲，也主交易，以此取财。

午（阳火）象：午火占阳位而藏阴，彰显阳火的特点，其象与丙火有些相似，表示火热之象的事物有：大热、火器、动力、冶炼；可以引申为：光彩、电子、信息、广告、色彩、文学、语言、文章、热情、激动；除此之外，还有血压高、血光、出血之意。

午火于人体为心、小肠、眼、舌、血液、神经、精力；应其病多为心脑血管；动物为：獐、马、鹿。

例如，乾造：

	年	月	日	时
	癸	丙	丙	甲
	卯	辰	午	午

此造做装潢生意发财。死木见丙午之火是漂亮的意思，可以表示做家具，也可以表示装潢。行壬子、辛亥大运，引出辰中之水与午火相冲相合而发财。局中卯午相破，是肢体有过血光受伤之意，事实上他小时候腿受伤落残疾。

未（燥土）象：未为阴土，其性干燥收敛，温而不火，未为太常有酒食、休闲之意，其象有：田园、公园、庭院、果实、酒店、休闲、情趣、饰物、食物；土中含木，其象又为：建筑、营造、楼台、高墙等。

未土于人体为脾胃、腕、腹、口腔、肌肤、脊梁，除此之外还代表人的力量，因为未主脾，脾主力；应其病多为消渴热症；动物为：犴、羊、鹰。

例如，乾造：
年	月	日	时
庚	辛	丁	丁
申	巳	酉	未

此造时上临未土食神主饮食、休闲，局中制财，酉财又可主酒店，故适合从事酒店业。留学外国学习酒店管理，回国后开酒店，生意一直很好。

申（阳金）象：申之象类似于庚，具备庚象所有的特点。它是阳金，表示金质、硬质的物象有：铁器、钢材、刀、铲、矿产；所以金质重器都可以申类象，如：机器、车辆等；申金有秋天的肃杀之性，引申为：军队、兵戈、政法、司法、律令、金融、理性、理科，也主西医或手术。

申金于人体为肺、大肠、骨、脊椎、气管、食道、牙齿、骨钙、经络；应其病多为肠疾、肺伤；动物为：猴、猿、猱。

例如，乾造：
年	月	日	时
乙	戊	癸	庚
巳	子	卯	申

庚申主收之象，卯是财之原神，表示钱的源头，也主放之象。卯申合收与放结合，表示银行。

甲申运，是升职之大运，现是地市分行行长。

酉（阴金）象：酉之象类似于辛，具备辛象所有的特点。所以金质的轻器，都可以用酉类象，如：金石、玉器、首饰、剑戟、铲锄、器皿、钟表、手表；酉为阴中之阴，表示很多阴性事物，如：碑碣、寺院、隐学、玄学、奸邪、妓、病人、死人、隐性收入等；此外，酉金还可以类象为：酒店、法律、技术、机巧等。

酉金于人体为肺、肋、小肠、耳朵、牙齿、骨骼、臂膀、精血；应其病多为骨病、血疾；动物为：雉、鸡、鸟。

　　　　　　　年　月　日　时
　　例如，乾造： 己　辛　丙　庚
　　　　　　　酉　未　午　寅

　　丙辛合，取辛、酉金之财，此财可以表示与法律相关的财。四柱无官，不能入公门；再看命局有己、未之伤官，伤官即有与官方对抗的意思，律师为当事人辩护时，正与检察院起诉对抗，所以必是律师。

　　戌（燥土）象： 戌为阳土，其性温燥，表示其土性的象有：窑冶、炉、城墙、高崖、坟墓、岗岭；因其为火库，引出与火热相关的象，如：枪弹、军火、加油站、电站、动力、发动机、汽车、互联网、煤矿；又可引申为：影院、闹市、市场、歌舞、色情等；戌除表示武库外，还表示文库，因火主文，所以还有：学校、编辑部、教育部门等意思；除此之外，戌土还有：牢狱、建筑、高楼、建材、化工（反应炉类）、数学（戌在乾位，乾主数学）。

　　戌土于人体为心、心包、命门、背、胃、鼻、肌肉、腿、踝足；应其病多为胃热消渴；动物为：狼、狗、豹。

　　　　　　　年　月　日　时
　　例如，坤造： 壬　庚　丙　辛
　　　　　　　寅　戌　午　卯

　　本命寅主公门，壬杀主权，寅午戌三合火局合到自己，表示自己掌有权力。戌合印星，本身又是食神主文，在这里可以表示学校。实际她是一位中学校长。

　　亥（阴水）象： 亥水占阴位而藏阳，阴水特点比较明显，其象与癸水相接近，表示水质的象有：池塘、井泉、灌溉、笔墨、酒、水产、湿毒；戌与亥是八卦乾位，表示数学，所以可引申为：数字、运算、科技等，这一点上同壬水接近。

　　亥水于人体为头、肾、膀胱、尿道、血脉、经血；应其病多为痰湿、肝郁；动物为：猪、熊。

　　　　　　　年　月　日　时
例如，乾造：壬　辛　庚　丁
　　　　　　　午　亥　辰　亥

此造是一位很有名气的数学家。亥这里表示数字，又临食神表示思想，他坐支辰将两亥收入墓中，辰可以表示计算机，实际他是搞计算数学的专家，用于安全加密。丁官表示名气，丁壬相合，名气很大。

子（阳水）象：子水占阳位而藏阴，表现为阳水的特点，其象与壬水相接近。亥水为不动之水，子水则为流转不息之水，其象有：河流、江海、流动、流转，引申为：轮子、旋转、转动的机器、圆形之物；子是冬至月，一阳初动，有开始、根本之意，引申象有：种子、细微、微粒、仔细、根源、玄学、哲学、数字、数学。

子水于人体为肾、耳、膀胱、泌尿、血液、精、腰、喉咙、耳朵；应其病为水液或血液；动物为：蝠、鼠、燕。

　　　　　　　年　月　日　时
例如，李昌镐：己　辛　丙　戊
　　　　　　　未　未　子　子

李昌镐为官子第一高手，如何能体现这一点呢？

原局有两官星子水，子落空亡不表现当官，是务虚的意思，就如同围棋的棋子；子又表示运算能力与细微之处，戊土食神主思想，能想到极细微之处，所以他官子能力特别强。

丑（湿土）象：丑为阴土，其性寒湿，为阴中之至阴。表示土质之象有：冻土、湿土、泥、沼泽、堤坝；除阴冷之外，还有黑暗之意，引申为：地下室、下水道、厕所、矿井、煤炭（其色黑）、坟墓、牢狱、黑社会、私情、淫乱、玄学、目盲；除此之外，还有：银行、军营、地产、田园等。

丑土于人体为腹、脾胃、肌肉、肾、子宫、性器官；应其病多为肺臃或肿瘤；动物为：蟹、牛、龟。

例如，乾造：
	年	月	日	时
	壬	癸	丙	戊
	子	丑	寅	戌

此造寅为印是工作，寅又是公门、机关，故可断为公务员；戊戌为食神，有思想之意，戊戌又有建筑的含义，可表示建筑设计，故他是个国家公务员，从事建筑设计。

丑为寒、湿，寅木为风，此人有严重的风湿病，寅丑合，早年上学时，因长期住地下室得此病。

第四章 四柱

第一节 四柱立法

根据人出生的年、月、日、时排定四柱。

年柱：年以"立春"来分年，比如2005年2月4日立春，这一天之后进入乙酉年，到2006年2月4日止，都是乙酉年。

月柱：月以"节令"分，即每月的分界在节令那一天。用干支来表示人出生的月份叫年上起月法。根据某人出生年月日查他所在的月份，确定所在月地支后，用年上起月口诀定月所配的天干。

年上起月口诀：

    甲己之年丙作首，乙庚之岁戊为头；

    丙辛之岁寻庚上，丁壬壬寅顺水流；

    若问戊癸何处起，甲寅之上好追求。

"甲己之年丙作首"，就是甲年和己年时，正月的月干支是"丙寅"，二月"丁卯"，依次顺排十二月。如1984年是甲子年，1989年是己巳年，其年干是甲和己，故这两年的正月都是"丙寅"月。现在的万年历一般都标有月的天干，也可以直接去查（月份界线一览表见后页）。

需要注意的是，如果刚好是交节令这一天出生，就要细查这一天是几点几分交节，与所查生日时辰相对照，以定月柱。

日柱：其排法比较简单，在万年历中找到所查生日，所对应的干支就是。

时柱：就是用干支来表示人出生的时辰，我们在前面已将时辰与地支的对应关系做过说明了，现在要说的是如何配时柱之天干，也就是日上起时法，其口诀是：

甲己还加甲，乙庚丙作初。

丙辛从戊起，丁壬庚子居。

戊癸何方发，壬子是真途。

"甲己还加甲"，是讲甲日或己日的子时起"甲子"时，这"甲子"就是甲日与己日的子时的干支名称，依此往下排，若丑时，就是推排"乙丑"，寅时就推排"丙寅"，余类推。

日干若为乙日或庚日，就用"乙庚丙作初"的口诀，子时起为丙子时，依此推排。其余日子时辰的推法类此。

需要注意的是，我们划分日是以晚上0点为界，但在命学上却是晚上11点至凌晨1点为子时，这样子时就会跨不同的两日。我们将晚11点至0点称前一日的夜子时，将早0点至1点称后一日的早子时，它们的算法是这样的：夜子时所配的天干是以本日之日上起时歌，推转一轮，再纳天干。如某人甲子日晚11点半生，以甲子日夜子时推，用日上起时口诀："甲己还加甲"推转一轮，纳天干为"丙子"时；早子时的推法就依日上起时歌诀推排，其他仿此。

如，2010年12月9日凌晨0点30分生人，记为：

庚　戊　癸　壬

寅　子　巳　子

如2010年12月9日晚上23点30分生人，则记为：

庚　戊　癸　甲

寅　子　巳　子

立四柱，干支不可以横着写，要竖着写才正宗。现举一例子，如排2005年3月15日巳时的男命四柱，男命记作乾造，女命记为坤造。查万年历，2005年为乙酉年，将乙酉竖写在左边；然后查3月15日节令在惊蛰与清明之间，查为己卯月，依次排写；再查此日为戊戌日，记下；再依日上起时歌，戊日之子时纳壬，得巳时为丁巳，记录如下：

```
        年   月   日   时
乾造： 乙   己   戊   丁
        酉   卯   戌   巳
```

此为 2005 年 3 月 15 日巳时男命之四柱。

月份界线一览表：

月份	正月	二月	三月	四月	五月	六月	七月	八月	九月	十月	十一月	十二月
支	寅	卯	辰	巳	午	未	申	酉	戌	亥	子	丑
节令	立春—惊蛰	惊蛰—清明	清明—立夏	立夏—芒种	芒种—小暑	小暑—立秋	立秋—白露	白露—寒露	寒露—立冬	立冬—大雪	大雪—小寒	小寒—立春

第二节　大运与流年

一、大运排法

以人之生月干支为准，阳年生男和阴年生女顺排，阳年生女和阴年生男逆排。排定大运，再从生日算起，以同样的顺逆规律向前（顺数）或向后（逆数）数至最近的一个节令，看共有几天，然后用三除之，所得之数为起大运数。除不尽时，余一舍掉，余二进一。

阳年为甲、丙、戊、庚、壬生年，阴年为乙、丁、己、辛、癸生年。大运就是四柱中的月柱向前或者向后延伸，每运十年，分前五年天干运与后五年地支运。因为每一节气包含的天数一般都在三十一天之内，除三之后，所得之数最大为十，最小则为一，所以大运数在一岁与十岁之间；如当日交节，算出的天数不足一天，也是以一岁起运排。

命理学所说的岁数与中国的传统虚岁计数法一样，即出生那一天起算一岁，过一年再加一岁，所以这里所算出的起运岁数是以虚岁定。

二、交运时间

盲师派又规定了一种特殊的交运时间（即从前一运换至下一运的准确时间），其方法是依据某人生年的纳音五行金、木、水、火、土的不同，以下列规则定交运时间：

火命人交运在清明前三天的午时；

土命人交运在芒种后九天辰时；

金命人交运在处暑当日申时；

木命人交运在大寒当日寅时；

水命人交运在冬至前三天亥时。

以上所说的几天都是虚岁的天数。交运时要注意不要外出，怕与自己属相不和的人相冲，还要在三日之内不参加红白宴事。

举例：如2005年3月15日巳时生男，四柱如下：

年　月　日　时

乾造：乙　己　戊　丁

　　　酉　卯　戌　巳

阴年生男从月柱逆排大运为：

03 戊　13 丁　23 丙　33 乙　43 甲　53 癸

08 寅　18 丑　28 子　38 亥　48 戌　58 酉

从此日逆数至最近的节令是惊蛰，惊蛰为3月5日，差是10天。10除以3得3余1，1舍去，故起运数为3，即3虚岁起运，可将"3"标在大运上。天干三岁起运，地支差五年，为八虚岁起运。因年命纳音五行为"水命"，每到交运那一年，是冬至前三天亥时交运，每五年交运一次。

附：六十甲子纳音歌：

　　甲子、乙丑海中金，丙寅、丁卯炉中火。
　　戊辰、己巳大林木，庚午、辛未路旁土。
　　壬申、癸酉剑锋金，甲戌、乙亥山头火。
　　丙子、丁丑涧下水，戊寅、己卯城墙土。
　　庚辰、辛巳白腊金，壬午、癸未杨柳木。
　　甲申、乙酉泉中水，丙戌、丁亥屋上土。
　　戊子、己丑霹雳火，庚寅、辛卯松柏木。
　　壬辰、癸巳长流水，甲午、乙未沙中金。
　　丙申、丁酉山下火，戊戌、己亥平地木。
　　庚子、辛丑壁上土，壬寅、癸卯金泊金。
　　甲辰、乙巳佛灯火，丙午、丁未天河水。
　　戊申、己酉大驿土，庚戌、辛亥钗钏金。
　　壬子、癸丑桑松木，甲寅、乙卯大溪水。
　　丙辰、丁巳沙中土，戊午、己未天上火。
　　庚申、辛酉石榴木，壬戌、癸亥大海水。

三、流年起法

　　流年的排法比较简单，就是依据起运岁数将每一年都纳入大运之中。如上边的例子3岁起运，3岁这一年是丁亥年，将丁亥纳入大运"戊"之下，依次推排，到13岁纳丁酉年，直到将一生都排完为止。一般预测时不必排一生，只将近期的流年排好即可。

第三节　四柱宫位取象

　　盲派命理认为人一生的重要信息都在四柱之中，所以特别注重四柱宫位的类象及应用。

宫位取象具体列表如下：

	年柱	月柱	日干	日支	时柱
六亲	祖上、父母、公婆、岳父母	父母、兄弟	自己	妻子或丈夫	儿女
时间范围	童年、少年	青年		中年	晚年
空间所在	远方、海外、边缘	祖籍、家乡、根		居所、工作场所	门户、出门、远方
人物	外戚、外人、长辈、老人	同学、同事、老乡、领导		至亲至近之人	晚辈、小孩、学生、朋友、下属
身体	腿足、四肢	躯干、脊、肩、背		胸部、五脏六腑、心、脑、髓	头、面、手、眼、嘴、耳、鼻、生殖器、排泄器
物件	鞋子、拐杖、祖先、他人之物	祖产、家业、单位、学业		房子、卧室、私产	车、门、衣服、帽子、眼镜、化妆、进出之钱物
情商	外部之环境	父母之影响		内心世界	交际能力及影响力

一、宫位类象

1. 首先四柱宫位含有自己与六亲的信息，除日干代表着自己外，其他都代表自己亲人的位置：如年柱代表祖上、父母、外戚长辈；月柱代表父母、兄弟；日支是配偶宫，代表妻子或丈夫所在的位置；时柱是子女宫，代表着自己的后代。父母既可以在年上体现,也可以在月上体现。

六亲的信息除看宫位外,还必须看星位,每一个六亲都有其各自的星,如代表父亲的星是财星或官星,代表妻子的星是财星或食伤星,代表丈夫的星是官杀星……所以,看六亲情况是宫与星相结合来决定。

例如,乾造:
年　月　日　时
壬　庚　辛　乙
子　戌　丑　未

此造如看父亲,当以戌中官杀看,年月为父母之宫,父亲需在年月中找,见戌中含七杀当为父;时上乙未虽是财星,只以父星七杀之原神看;丑运父逝,因丑刑坏戌之故。

丑为妻宫,子来合丑,以子当妻星,故而丙子年结婚,妻星合到宫位。庚为比劫,落于月令,表示兄弟。庚坐于戌,戌刑坏比劫之墓,也就是兄弟的坐宫与兄弟的星宫相刑,兄弟有克,甲申年哥哥去世。

2. 四柱宫位还代表着人一生从小到大的时间顺序,即:年柱代表童年与少年时期,大约1~18岁;月柱代表着青年时期,大约18~35岁;日支代表着中年时期,大约35~55岁;时柱代表着晚年时期,大约55之后的岁月。除此之外,从年到时,还是从小到大或从先到后的顺序,比如一个人命中有三次婚姻,那他三次的排列顺次也是从年到时依次来找。

例如,乾造:
年　月　日　时
乙　己　乙　丙
巳　卯　亥　戌

此造是一多婚男命,从原局看,巳为第一个妻子(巳亥相冲与妻宫关联),坐在比肩下,跟别人跑了;第二个妻子是月令己土财星,也坐在比肩之上,跟别人相好,也离了;第三个妻子是戌土财星,戌土也合比肩卯,故第三个妻子也会跟别人好,事实上第三个也离了。

从此例中可以看出,从年到时表示结婚时间次序,而不一定特指哪一个年龄阶段。

3. 四柱宫位还代表一个人生活中空间所在，比如你要出远门，命中对应的宫位就是年柱或者时柱，因为年柱代表远方，而时柱代表门户。月柱是代表祖籍，日支是代表现在的居所。

　　　　　　　年　月　日　时
例如，坤造：　壬　癸　辛　己
　　　　　　　寅　丑　亥　亥

此例为盲师夏仲奇断例，断这个女命会嫁到六千里以外的地方，嫁一个老头，实际后来嫁到了台湾。因官星在年上，年主远方，所以嫁远了，同时年又表示老人之意。

4. 四柱宫位还代表不同年龄与不同关系的人，年柱代表外人、长辈或老人；月柱代表同学、同事、领导；日支代表与自己非常亲近的人；时柱代表晚辈、学生、朋友、下属。

　　　　　　　年　月　日　时
例如，乾造：　己　丁　壬　癸
　　　　　　　酉　卯　午　卯

此造第一任妻子找了个同事，不久便离婚了。为何是同事，因第一个妻以丁卯看，逢月令可以表示同学或同事。卯午相破，此次婚姻破裂。

　　　　　　　年　月　日　时
再例，乾造：　壬　己　癸　乙
　　　　　　　寅　酉　酉　卯

此造原为中学校长，后来因为跟学校学生发生不正当关系被免职。从命局看，乙卯为食神，临于时上主晚辈，可代表年轻女学生。酉来冲卯，跟学生有了关系。乙克去己土杀星，由此而免职。

5. 四柱宫位还代表人身体的不同部位，年柱离日柱远，代表腿、足、四肢；月柱代表人体的躯干部分，如脊、肩、背等；日支代表人体最重要的部位，如五脏、六腑、心、脑、髓；时柱是代表与外部相通的人体器官，如头、面、手、眼、嘴、耳、鼻、生殖器、排泄器等。

例如，乾造：
　　　　年　月　日　时
　　　　癸　甲　丙　戊
　　　　卯　寅　午　戌

卯午相破，年上印星来破日主羊刃。午刃表示手足，破在年上说明是腿出了问题。果然从小腿残疾，至今靠双拐走路。

6. 四柱宫位还代表人的使用之物，如看车，那就在时柱上找，因为时代表门户，故出门的代步工具车子就在时柱上看。其他还有：年柱代表鞋子、拐杖或他人之物；月柱代表祖产、家业、单位、学业；日支代表房子、卧室、私产；时柱代表车、门、衣服、帽子、眼镜、化妆、进出之钱物。

例如，乾造：
　　　　年　月　日　时
　　　　丁　癸　辛　丁
　　　　未　卯　卯　酉

此造丙戌年戌月车祸伤脚。分析：酉为车，酉在时上更代表车。流年戌穿酉，戌主动力，因速度过快导致车失灵而将车撞坏，酉又是比肩表示手足。

坐支卯木财星可以代表房子，卯木多现，再加未中之木，故有多处房产。

7. 四柱宫位还代表人的心志与情商，有的人容易受外界环境的影响，有的人却容易影响别人，从四柱的宫位也可以看出这些特点来。

8. 四柱中，天干代表人的表象，如外表特征、性格表象，容易被外人看出的显著特点；而地支代表人的内在的东西，如内心世界、与家人的关系等，往往是人比较隐蔽的思想与心志。

例如，坤造：
　　　　年　月　日　时
　　　　甲　己　己　丁
　　　　午　巳　丑　卯

此造是一个政府官员，我们分析她的人性：从表面上看，天干的字是正官配印，没什么毛病。再看地支，坐支—丑阴中之阴，墓又不开，阴包藏不容易被人发现。这个丑字表示阴暗、阴险的心理，也主暗财。事实上此人善于做表面工作，表面一套，背后一套，整人手段比较黑，且贪了不少钱财，因包得很严未被查出。丑午穿，得严重心脏病。

二、宫位吉凶

一般而言，年柱为吉神得力，则主出生家境较好，祖辈有过荣耀之人，若被月柱冲克，则祖辈遭受破产、败落、迁变之打击，多代表出生前的信息。

吉神在月柱得力，则主自己可受长辈庇荫，可承父辈的产业，若被日柱冲克，则代表背祖离乡，六亲缘浅，同胞不和等信息。

吉神在日支，主妻贤夫贵，中年可振兴家业，若被克破或化合为忌，则代表好而不久，婚姻中途抛离，断弦再续。

吉神在时柱，则主儿孙才能出众，孝敬自己，被冲克则好而不久或远离自己，若时柱为忌，则代表子女不孝，凶顽不尊，晚景凄凉。

吉神如何看法，将在以后的章节中细述。

第四节　日主与十神

一、十神概念

正印、偏印，正财、偏财，正官、偏官，比肩、劫财，伤官、食神。以日干定十神，日干为我、为主、为己身。日主的五行之性与四柱中其他干支的五行之性的关系不外乎阴阳与生克。四柱干支与日主之干有："生我"，"我生"，"克我"，"我克"，"同我"五种关系，再加阴阳关系，正好配十神。

生我者有父母之意，故立名"印绶"。印，荫也；绶，受也。譬如父母有恩德，荫庇子孙，子孙得受其福。又如国家设官分职，绶以权印，使之掌管。以阴阳之异性之生称"正印"；阴阳之同性之生称"偏印"，有书中也称"枭神"。如甲日干见癸，癸为阴水，甲为阳木，异性之生，故癸水为甲木之"正印"；如甲日遇壬水，则是"偏印"。

我克者是人受制于我之意，立名"妻财"。古代封建社会女人地位低下，视妻如同自己的财产一样，受我支配。以阴阳之异性之克称"正财"，阴阳之同性之克称"偏财"。如甲木日主，见己土为正财，见戊土为偏财。

克我者我受制于人之意，故立名"官杀"。国家封官于人，人身属公家，驱使终身直至告老还乡。官既为人管，又为地位，能为我所用，也可管人，此言意为既得官害又为社会地位之意。以阴阳之异性之克称"正官"，阴阳之同性之克称为"偏官"或"七杀"。如甲木日主，见辛金为正官，见庚金为七杀。

我生者儿女也，儿女小时食于我，我老时，再得食于儿女，故立名"食神"；又我生之神正好能克制克我之官星，故也立名"伤官"。以阴阳之同性之生称"食神"，阴阳之异性之生称为"伤官"。如甲木日主，见丙火为食神，见丁火为伤官。

同我者如我兄弟之意，故立名"比肩"；又同我之异性之神正好能克制正财星，故也立名"劫财"，有书中也称"败财"。以与我阴阳同性者称"比肩"；阴阳与我异性者称为"劫财"。如甲木日主，再见甲木为比肩，见乙木为劫财。

以上所讲，列表如下：

	生日主者	日主所克者	克日主者	日主所生者	与日主同者
阳见阴 阴见阳	正印	正财	正官	伤官	劫财
阳见阳 阴见阴	偏印或 枭神	偏财	偏官或 七杀	食神	比肩

详表见下：

日主＼他干	甲	乙	丙	丁	戊	己	庚	辛	壬	癸
甲	比肩	劫财	偏印	正印	七杀	正官	偏财	正财	食神	伤官
乙	劫财	比肩	正印	偏印	正官	七杀	正财	偏财	伤官	食神
丙	食神	伤官	比肩	劫财	偏印	正印	七杀	正官	偏财	正财
丁	伤官	食神	劫财	比肩	正印	偏印	正官	七杀	正财	偏财
戊	偏财	正财	食神	伤官	比肩	劫财	偏印	正印	七杀	正官
己	正财	偏财	伤官	食神	劫财	比肩	正印	偏印	正官	七杀
庚	七杀	正官	偏财	正财	食神	伤官	比肩	劫财	偏印	正印
辛	正官	七杀	正财	偏财	伤官	食神	劫财	比肩	正印	偏印
壬	偏印	正印	七杀	正官	偏财	正财	食神	伤官	比肩	劫财
癸	正印	偏印	正官	七杀	正财	偏财	伤官	食神	劫财	比肩

二、十神生克

十神相生：正偏财生官杀，官杀生印枭，印枭生日主及比劫，比劫生食伤，食伤生正偏财。

十神相克：正偏财克印枭，印枭克伤食，伤食克官杀，官杀克日主比劫，比劫克正偏财。

需要注意的是，十神不仅是指天干透出之财官印星等，还包括地支藏干。初学者要将每个地支的藏干写出来，然后再标出它们各自的十神之意，这样才能开始分析。

如一造：

```
         比      杀      日      伤
乾造：   癸      己      癸      甲
         丑      未      亥      寅
       己辛癸  己乙丁  壬甲    甲丙戊
       杀枭比  杀食才  劫伤    伤财官
```

为示区分，将正财写作"财"，将偏财写作"才"。

第五节　十神类象

一、正、偏印之类象

正印之类象：正印是与日主异性之生，其含义为"能使我生长，且与我关系良好的"，其心性含义为：

思想保守、正统、内向、不张狂、稳重、守常、喜静不喜动、仁慈、爱心、淡泊名利、忍耐、宽容、尊严、重名节、有操守、不擅奉迎、重感情、奉献、爱心、有修养、有宗教心、慈祥、忍辱负重、勤恳耐劳、缓冲、调济、厚重、没有意见、平安而有福气。

如果正印过重，也表现为负面的心性：依赖性强、有惰性、随大流、无主见、缺乏情绪力、缺乏感触力、缺乏流畅性、知足、呆滞、犹柔寡断、领悟能力差、没独立进取精神，在没有压力（官杀主压力）的情况下，易流于懒惰。

如命中正印有用，则可能从事的职业有：公务员、教师、文化人、宗教人士、慈善事业、护士等。

例如，乾造：
	年	月	日	时
	戊	辛	壬	癸
	辰	酉	子	卯

此造以一般看法年杀生月印，月印又生自己，象是贵格。事实恰恰相反，是一个一生毫无成就的农民，何以至此？因月印坏杀之故。印太重泄尽杀气，杀主进取，印主依赖性与惰性，印在月又表示家。实际情况是曾参加解放军，因恋家怕死而当了逃兵，回老家一生当农民。

偏印之类象：偏印是与日主同性之生，是不情愿的生，"生我且斥我"，就如同跟继母生活在一起一样，日主的心性就会变得非常敏感，其心性含义为：

有思考力与领悟力、敏感、灵活、机智、心眼多、精明、有谋略、脑子好、创意、发明、不爱学习教课书、不随大流、严肃、孤独、有宗教心。

如果偏印过重，也表现为负面的心性：自私、懒惰、冷淡、福薄、挑剔、呆头呆脑、不通人情、无福享受。

如命中偏印有用，则可能从事的职业有：技术性的职务、医生、艺人、五术业、宗教、咨询师、律师、记者、编辑、情报员、侦察员、设计师、技术人员等。

例如，乾造：
	年	月	日	时
	甲	丙	丙	甲
	子	寅	寅	午

此造满盘偏印，不仅泄尽官气，没有一点富贵可言，而且懒惰、自私。偏印有脑子灵活不守常规的特点，所以他经常干出很多出格的事情来。

正印、偏印共俱类象：职业、职务、职称、权力、印章、证件、契约、智力、智慧、知识、荣誉、奖励、后台、学术（正印为正统学术，偏印为非正统学术)、学位、事业、单位、工作场所、住宅、衣服、车、靠山、自我保护、医药;人物为老师、父母、长辈;于人的身体为:头、头发、皮肤、四肢。

二、正官、七杀之类象

正官之类象:正官是与日主异性之克,阴日主正官合身,阳日主正官克身,两者含义不同。一般合身正官正面性大于负面性,克身正官负面性大于正面性。

其心性含义为:

正统、守法、正道、规矩、传统、高贵、文雅、忠孝、自制、顺从、责任感、正义感、良知感、客观、理性、刻板、严肃、正规教育、学业、家教、德性、责任、限制、病害。

官星起坏作用时,表示受到控制、墨守成规、违法犯纪、官司牢灾。

官星起好作用时,表示管理人员、官职、地位、声誉等。

例如,乾造:
年 月 日 时
甲 丁 乙 庚
寅 卯 丑 辰

此命日时乙庚相合,财星带官来合自己,本以吉论,然月令丁火带比劫旺透,食神与官星对抗,这个组合就是违法之象,表示我的思想行为(比劫主行动力)跟官方做对。这样庚合乙反主被官限制,再加之辰有牢狱之意。果,巳运壬申年,因抢劫坐牢五年。

再例,梁羽生造:
年 月 日 时
甲 丁 庚 壬
子 卯 子 午

食神壬水为思想,丁主文字,丁壬相合,写成文章。丁火官星主名,合官声名远播。如此处官星无壬合,则官为害我之物,不可为用。

七杀之象:七杀是与日主同性之克,阳日之七杀与阴日之七杀又有所不同。一般阳七杀正面性大于负面性，阴七杀一般作凶神看。

阴七杀之克无情，其含义为：打击、压制、暴力、权威，其性刚雄，具有叛逆称霸之性，须制化方可驾驭。

七杀的心性含义为：

野心、心眼、心智、聪慧、欲望、权威、志气、努力、闯劲、气魄、专制、暴力、独断、霸道、匪气、压迫、打击、好强、冲动、刺激、怨恨、仇恨、恶毒、节制、规律、严厉、义气、洞察力、感动力、感召力、机警、敏捷、多疑、惊悸、性格深沉、脾气暴烈、疾恶如仇。

七杀为害则可表现为：牢狱、官司、小人、疾病、神经质。

七杀有用，则表现为：权力、执法、大财富、聪明、学识、地位、声誉。

例如，坤造：

	年	月	日	时
	庚	戊	己	乙
	戌	寅	卯	亥

己土日主，见时上旺七杀直克日主，坐支又逢七杀，无化杀之印星近身，也无制杀之食神救主。此女小的时候特别聪明，但敏感多疑，到乙亥大运，七杀运到时，受一假道士蛊惑，中邪而得精神病，并跟这个道士生了个孩子。官杀主男人，也主疾病。

正官与七杀共俱类象：职务、官职、权力、名望、管理、法规、官司、法院、牢狱、忌恨、官害、财富；人物为：上司、老师、长辈、父亲、丈夫或情人（女命）、子女（男命）、敌人、小人、恶人、盗贼；于人体为：神经、外伤、疾病。

三、正、偏财之类象

正财之象：正财为日主异性所克者，其含义为：我肉身所控制或限制，又与我关系亲密，能为我所享用之物或者人，且为我所珍爱。凡是正当的，名正言顺的受我支配的金钱、财物或人都以正财来定位。正财又具有专一性，男命婚姻中的妻子也以正财定位。

正财又分合身正财与不合身之正财，阳日见阴财者相合，阴日见阳财者不合。正财合身而贪恋，影响日主较大；不合之正财与日主关联性差，喜虚而主才气。

其心性含义为：

正常而不思非分、自足、正当、节俭、保守、重情感、珍爱、专一、执着、才气、沟通能力。

如命中正财太重，也表现为负面的心性，如患得患失、吝啬、不思进取、好逸恶劳、不爱学习。

例如，乾造：
年 月 日 时
壬 丙 壬 丁
子 午 辰 未

与乾造：
年 月 日 时
壬 丙 壬 丙
子 午 辰 午

这两造同一日生，只差一时辰。丁未时，因丁壬合的原因，恋财而以谋财为主。丙午时日主无贪财之病，反得坐支七杀之权，冲羊刃子水而制财，是个法官。

偏财之象：偏财为日主同性所克者，其含义为：我所能控制的任何具体之物或事件，但却不执著在这个事或物上。偏财之财具有流转性，如交易、转让、投机、借贷、中介、生意、咨询、服务、谋营等。偏财虚透，则表示能说会道。

偏财心性含义为：

非分之想、意外、投机、多情、浪漫、欲望、色、风流、桃花、慷慨、大方、轻财、交际、手段、技艺、伪装。

命中偏财有用，则可能从事的职业有：生意人、企业家、自由职业者等。

例如，坤造：
年 月 日 时
丁 己 辛 辛
未 酉 丑 卯

此造时上偏财，又带偏财之库。卯酉相冲，往来互换，生意取财之象。原是国家公务员，辞职下海，主要在生意方面与购置房产增值上，收益巨大。本人为人慷慨,重义轻财。

正财与偏财共俱类象:金钱、财物、房产、家业、一切值钱之物、欲望、情欲、享受、本事;人物为:下属、仆人、父亲、儿子、妻子或情人(男命);于人体为:一切分泌物与排泄物、饮食、血液、呼吸。

四、比肩、劫财之类象

比肩之象:比肩为与日主相同者,其含义为:代表我去行使权力,也表示我的合作者。

其心性含义为:

自尊、自信、自我意识、自主能力、主观性、主动性、独立性、个性、果断、冷静、亲为、忙碌、坚持、私心、协同、合作。

比肩过旺,也容易走向反面,如个性固执、刚愎自用、任性、傲慢、自以为是。

命中比肩有用,则可能从事的职业有:运动员、教练员、体力劳动者、中介业、生意人、司机、江湖人等。

例如,坤造:
　　　　　年　月　日　时
　　　　　癸　辛　辛　辛
　　　　　卯　酉　酉　卯

此造满盘比肩,卯酉相冲取财,比肩主辛苦忙碌,故命主成天为生意奔波,无清闲之日。

劫财之象:劫财为与日主异性相同者,其含义为助我但有代价,因为劫财要分夺我之财,以争夺为其目标。

其心性含义为:

胆量、强悍、攻击性、不通融、投机、炒作、运作、冒险、吹牛、争强好胜、急切、冲动、不合作、嫉妒、侵害、抢夺、占有。

命中劫财为凶神,如有功用,可以助我得财;如无功用,反致我破财遭灾。

命中劫财有用，则可能从事的职业有：运动员、武人、军人、券商、股民、资本运营商、赌徒、骗子、偷窃贼等。

例如，乾造：
	年	月	日	时
	壬	戊	辛	辛
	寅	申	丑	卯

此造比劫成党，寅申相冲，劫财冲财，表示交易，劫财为炒作，申为金融，合在一起表示炒股，丑为申库表示机构，这里表示证券机构。实际此人是证券公司总经理，自己股票也做得很好。

比肩与劫财共俱类象：合作、竞争、作为、机械、拐杖、竞技、运动；人物为：兄弟、姐妹、朋友、同伙、对手；于人体为：手足、四肢。

五、食神、伤官之类象

食神之象：食神为日主同性生者，生而有情于日主，其含义为我的付出或我的精神世界，凡是与我的精神、思想与情感相关的东西都在食神和讼官的范畴，只是食神表现温和而平淡。

其心性含义为：

善良、温和、厚道、内向、文雅、涵养、知足、大度、正义、体恤、才华、学习、感悟、口才、思想、境界、情趣、欣赏、浪漫、感染力、说服力、名声、奉献、爱心、享受、快乐、乐观、自由、玩乐、吃喝、服务。

食神是吉神，在命局中一般都是有用的，不怕过旺，只怕受克。

命中食神有用，则可能从事的职业有：学者、老师、医生、咨询师、宗教家、思想家、律师、记者、官员、作家、美食家、演说家、主持人、音乐家、演艺人等。

例如，坤造：
	年	月	日	时
	丙	丙	甲	丙
	午	申	辰	寅

此造为一著名歌唱家，甲木日主，坐辰为活木，见丙食神吐秀，天生丽

质。火克金主声音,故为优秀的歌唱家。

伤官之象:伤官为日主异性相生,生而无情于日主,其含义为自我的放任与娇纵,同样是精神的产物,却因过分执著于自我表现而变得不切实际,有点违反常规。

其心性含义为:

想像力、表现力、反叛精神、叛道离经、手艺、艺术、绝活、聪颖、创意、开拓、新鲜感、不爱学习教课书、捣蛋、不喜拘束、不服管束、好胜、生动、富变化、胆小、不安于现状、夸大、主观、豪迈、激情、风流、好色、多言、自傲、自我标榜、出风头。

如命中伤官太旺,或起坏作用,则容易走极端,显示个性放荡、不修边幅、尖锐刻薄、嫉贤妒能、傲慢无礼、诡计多端、投机取巧、不守规矩甚至破坏法律与破坏伦理道德,有犯罪意识。

命中伤官有用,则可能从事的职业有:艺术家、大师、设计师、演员、律师、纪检人员、反贪官员、实权官员、手艺人、生意人、导游、作家等。

例如,乾造:
年	月	日	时
甲	丙	庚	丙
午	子	申	子

此造为金水伤官之局,子午冲,伤官制官。这表明他的职务是制服别的官员,官星午火带财,则表明是制服贪官,实际他的职务是纪检委书记。

食神与伤官共俱类象:精神生活、欲望、玩乐、思想、文章、言语、作品、艺术品、财富、花朵、景致;人物为:祖辈的女性、母亲(食神)、子女、小孩、学生、晚辈;于人体为:嘴巴、舌头、生殖器、女性乳房、精子、经血。

六、十神类象简表

	正印	偏印	正财	偏财	正官	七杀	比肩	劫财	伤官	食神
职能	扶日主、泄官杀、御伤官、坏食神		生官杀、泄伤食、制枭印、坏正印		耗财、生印、制日主、坏劫财		帮日主、任官杀、夺财、助伤食		泄日主、生财、敌杀、损官	
功用	我之气源且庇护我者		我之养命之源和占有之物		我的身份与地位，也为官害		为我用则能帮我、助我，为害则夺我之财		为我的精神追求，有时也可获取功名、利益	
六亲	母亲父亲	继母祖父外戚	妻子父亲	父亲妾	父亲女儿	父亲儿子	兄弟姊妹	兄弟姊妹	儿子祖母公婆	女儿母亲外婆
人物	长辈、师长		下属、仆人		领导、老师		朋友、同伙		学生、晚辈	
事物	文化、地位、权印		金钱、女人、财物		官职、官匪、疾病		合作、竞争、帮助		精神、享乐、作品	
身体	毛发、皮肤		精血、呼吸		外伤、疾病		手足、四肢		口、舌、窍	
场所	学校、医院、学术机构		经营场所、银行、交易所		政府机构、法院、监狱		竞技场、体育场		娱乐场所、休闲场所、厕所	

第六节　神煞类象

在传统命理书中，所讲神煞非常多，有天乙贵人、天德、月德、阴阳差错、亡神等，这些在实际测命中应验率不高，盲派命理所讲神煞只有五个：禄神、羊刃、墓库、驿马、空亡。禄神、羊刃与墓库严格来讲不属于神煞的范畴，是十干的本气与墓气，但因为其中有较丰富的象，所以单独列出加以甄别。下边分别来论：

一、禄神类象

我们在前面讲过禄刃的概念，即：甲禄在寅、乙禄在卯、丙戊禄在巳、丁己禄在午、庚禄在申、辛禄在酉、壬禄在亥、癸禄在子。它是日主的延伸，代表日主到地支行使权力，其心性含义有：亲力亲为、独立、主张、自我意识、尊贵、独占、主宰、享受之意；禄之物象为：权力、封地、财富、供养；于人体表示身体、肢体、女人的肉体、寿命。

例如，坤造：

年	月	日	时
丙	甲	丁	己
子	午	巳	酉

此造月禄被年杀冲，年为他人，禄为女人的身体。这种组合可断少年时被人强奸，因为年主早。果是。

二、羊刃类象

甲刃在卯或乙、丙刃在午或丁、戊刃在未或己、庚刃在酉或辛、壬刃在子或癸。只有阳干有羊刃，阴干没有羊刃。羊刃虽是劫财之一，但比劫财之心性更凶悍，其心性含义为：胆大、勇敢、凶恶、狠毒、不计后果、不顾面子、占有欲、侵害、不利父妻等；其物象为：刀、枪、剑、手术、兵器、武装、政法、执法；于人体表示四肢、身体。

羊刃喜制服，制之则用正，可能从事的行业有：军人、警察、执法人员、外科大夫、运动员、武人等；羊刃无制服，则用偏，则可能从事：匪徒、赌徒、打架斗殴、杀人越货、非法谋营等。

例如，乾造：

年	月	日	时
壬	壬	戊	己
子	子	子	未

乙卯大运，戊寅流年，命主为其老人留下的房产与兄嫂发生争执，杀死其嫂子等四口人，自己也难逃死罪。命局戊土羊刃在未，无七杀制刃，反与

财星相穿。刃穿了财，表示他拿刀杀人，财穿了刃则是他难逃死罪的表示。

三、墓库之象

墓库的用法已在前面有所阐发，墓库是收藏、控制之意，它的象一定是与干、支、十神象匹配才有意义，如，羊刃库可理解成军团或营地；伤官、食神库可理解成寺庙或学校；财库可理解成银行；官杀库可理解成权力中心或组织部门。凡是聚集众多的意思都是库的含义，大家可以举一反三。

例如，某元帅：
```
    年  月  日  时
    辛  戊  庚  己
    丑  戌  寅  卯
```

庚以辛为羊刃，丑为羊刃库，这里表示兵团。丑戌相刑，戌为火库，表示武库，火来克金，刃得官杀来制。自坐寅木为杀之长生，与戌相拱，故是掌兵权的大命格。

四、驿马之象

驿马在命中表示走动、外出、远行、游走、迁移、奔忙等意。盲派所定驿马与传统说法略有不同，即：

申子辰马在寅午戌，寅午戌马在申子辰，

巳酉丑马在亥卯未，亥卯未马在巳酉丑。

即申子辰日或年见寅、见午、见戌都为驿马。

驿马的查法，以年支和日支为主，见其他支或大运、流年为驿马。

驿马之物象为：车、船、马。如驿马逢合，则表示停留、不动之意。

例如，乾造：
```
    年  月  日  时
    丁  丙  庚  丁
    未  午  申  丑
```

丑临驿马，在门户主车。庚申日主入于丑库，司机之象。丑未冲，开年上财库，用车取财。事实他一直搞运输赚钱。

五、空亡之象

六甲空亡：

　　　　甲子旬中戌亥空，甲戌旬中申酉空，
　　　　甲申旬中午未空，甲午旬中辰巳空，
　　　　甲辰旬中寅卯空，甲寅旬中子丑空。

甲子旬中即甲子、乙丑、丙寅、丁卯、戊辰、己巳、庚午、辛未、壬申、癸酉十日，戌与亥逢空，就是说，从甲子日到癸酉日这十天中无戌亥二字，如他支见者为空亡，其余仿此。空亡的查法以日柱或年柱为主，观他支中见者为空亡。

支逢空亡，象征有其气而无其形，有其名而无其实。年支空亡祖业空；月支空亡兄弟无靠或有伤损；日支空亡做事虎头蛇尾，少成多败，无归宿感，或夫妻之缘薄；时支空亡子女迟育或子女有损伤。

空亡又主性格气度宽大，个性超凡脱俗，能成就于务虚之事业，如佛道、玄学、五术、气功、艺术等领域。

空亡类象：务虚、玄学、空物、减半、损失、不全、挂名、名义、有名无实、形式、气、象、影子等。

金空则鸣、火空则发、水空则流、木空则朽、土空则陷。

　　　　　　　年　月　日　时
例如，乾造：甲　乙　丙　己
　　　　　　寅　亥　寅　亥

此命是一位僧人，一寺院住持。为何会遁入空门？因本四柱无财星，杀星又落空亡。杀主权力，空亡便不指实际中的权，是空门之权。

第五章　盲派命理体系介绍

第一节　盲派命理与传统命理的区别

　　命理之学始于唐李虚中，而真正成为体系则推宋代的徐子平。明清以来，命理学有了进一步的发展，《三命通会》、《滴天髓》、《子平真诠》等著作对后世的命理学有着重要的影响。然而，传统命理学的研究却依然停留在格局、用神、五行生克、喜忌吉凶之范畴，对于象法却无从涉及。

　　传统命理学的不完备性在我接触盲师郝金阳先生之后才有体会。郝先生断命既不讲用神，也很少用格局，却能将过去发生的具体事情推断出来，而我对郝先生铁口断出的东西都想不出什么理由，这对于我这个学习多年传统命理的人来讲，是一件非常震惊的事情。我意识到传统命理存在很大的局限性，开始学习研究盲派命理。

　　事实上，盲派命理放弃了传统命理所注重的日主衰旺与用神，取而代之的是对象法精妙的应用，同时在对命理的理解上又有独道之处。

　　那么为什么不找用神、不看日主衰旺也能断命？这就涉及到对命理本质问题的理解，命理的本质在于表述人生。命理和我们人生的道理是一样的，是我们人生的缩影和再现。日主衰旺既说明不了任何东西，也代表不了命主能力的大小或身体的好坏，更不能解释命主命运的轨迹，所以是没有任何实际的意义；而"用神"的概念又是建立在日主衰旺基础之上的，所以命理学也应该没有用神的概念，单纯地找用神与忌神，则会使我们对命理的理解变得片面和僵化，失去了把握命运中丰富多彩的一面，因为人生是复杂和变化的，没有永远的朋友，也没有永远的敌人，怎么能够想象一两个用神会陪伴我们终生？下面将逐一介绍盲派命理所用的论命工具与方法。

第二节　盲派命理体系的特点

　　盲派体系认为，命理是对人生的表述。那么命理是通过什么来表述人生的？又是怎样来表述人生的？我们就要了解盲师用来表述人生的一些工具。因为盲师多是口授心传，没有留下系统的文字的东西，这就要求我们必须创造出一些以前没有的概念来理解这个体系。

一、宾主的概念

　　这个概念在盲派命理中有特殊的意义。宾主就是告诉我们什么东西是自己的，什么东西是别人的。中国的许多预测术都讲"宾主"，六爻卦中讲世爻为主，应爻为宾；卦中之爻为主，日月及变爻为宾；风水、奇门、六壬、梅花易数等都讲"宾主"，只不过他们用的可能是"主客"、"体用"、"天地人"等不同的概念，但所要表达的都是"自我主体"与"外物客体"的关系。其实我们的人生也是这样，通过我与外部世界发生的一切关系与关联，构成我们的人生命运。

　　宾主是一个分层次的概念，大家都知道日主为我，他干支就是别人，是我要面对的，是"宾"。而其他干支的每个字又都有着自己特定的含义：日主坐下的代表配偶，月上代表父母或兄弟，年上代表祖上或父母，时上代表孩子，这些都是我要面对的。知道了这些，然后再分层次：日柱是我和我的配偶，代表了我自己的家，我的家又要面对外界的东西，有父母家，有孩子家，有兄弟姐妹家等等，这样日柱就是主，他柱就是宾；然后我和我孩子构成一个自己的家庭，去面对外界的东西，这样日时就构成了主，年月就构成了宾；而整个四柱就是我的大家族，大运流年是外来的，从外面来作用于我的四柱，对我的四柱产生影响，这样，四柱为主，大运流年就是宾。这些就是宾主的概念。

比如说你要当官还是要发财，就看财、官在四柱中的哪个位置，如果财、官在主位，就是我的财、官；要是财、官在宾位，就是别人的财、官。这样定位之后，再看主与宾的作用关系，通过作用关系，搞清楚财官是否与我有关联，能否成为我的。这样你就会明白，看四柱其实与日主的衰旺没有什么太大的关系，只有在宾与主的关系中，也就是一个人的社会交往中，才能体现他的能力大小以及富贵贫贱。

主	宾
日主	他干支
日柱	年、月、时柱
日柱、时柱	年柱、月柱
四柱八字	大运与流年。

二、体用的概念

宾主概念是从宫位角度分"自我主体"与"外物客体"；体用概念是从十神角度分"自我主体"与"外物客体"，即我们把四柱中的十个神分为"体"和"用"。体是什么？体是我自己以及我使用的工具，或者说我操纵的工具，就像你干活的时候总得拿个工具才行，比如日主、印、禄都是体。那么用是什么？用是我的目的、我的追求，也就是我要得到的东西，比如财、官是用，是我们追求的东西。需要注意的是，这个"用"与传统命理中的用神是有区别的。

然后要知道，我们会用什么办法来达到我们的追求和目的。有什么办法来当官？又有什么办法来得财？假如官在那里摆着，我们怎样才能把这个官得到？有办法当然就可以当官，没有办法自然也就当不了官。这就是表述人生。还是以官为例，不当官的人不一定是命局中没有官，反而有可能是他命局中官很旺，却没有办法把它得到，那自然就没有办法当官了；或者说官为害，那这个官反而会表示有官灾。同样的道理，财也一样，摆在那里，看你用什么办法把它得到。这就是体用的概念。

我们把日主、印星、禄神、比劫当体，财星、官杀星当用。食神与伤官既可以是体，也可以是用，因为食神、伤官属于人精神体验的范畴，有智力、思想、快乐、享受、财富等意思，既是属于我们本身，又可以成为我们追求的东西。根据命局不同的情况，它们既可以当体，也可以当用。如一定区分它们，则食神更近于体，伤官则接近于用。

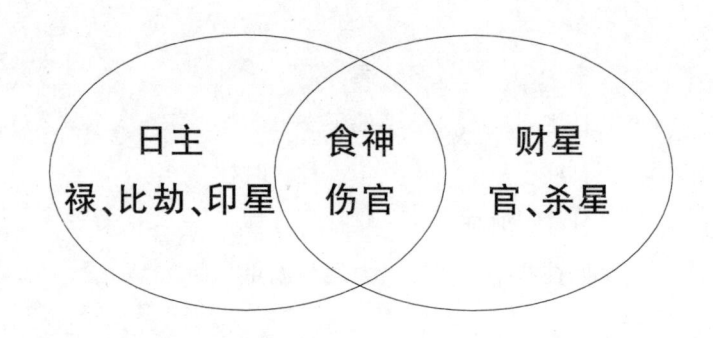

```
    日主           食神      财星
禄、比劫、印星      伤官     官、杀星
```

三、功神、废神概念

四柱是用体用与宾主表述人生的过程。我们看一个命局，要知道这个命想干什么，就先从主位入手，即先看日干与日支，看这个柱是占"体"还是占"用"，所占的东西有何作用关系？如果占"体"了，就类同于我们人的手，它们必须有事做，在四柱中去作用于别的神，不能在那里闲着，如若闲着，必无事生非，成差命。而财星及官杀星这些"用"的东西，是我身外之物，必须与"体"的东西发生关系，或被"体"制之，或被"体"化之，或被"体"合之，方能有作为，如闲而无事，则命主不能发官发富。伤官与食神星为中性之物，食神略偏于体，伤官略偏于用，在命中既可被制，也可制它，可用作生财、制官杀或泄秀。我们将体、用或宾、主之间的作用关系称作"做功"，将四柱中参与做功的神称为"功神"，将四柱中不参与做功的神称为"废神"。

如用我主位的"体"来追求得到别人宾位的"用"，我们把这种作用过程称为正向做功；还有一种反向做功，就是主位的"用"与宾位的"体"作用，称之为反向做功。体用、宾主如何作用才叫做功？一般而言，体用、宾主之字进行刑、冲、克、穿、合、墓都是做功方式。

正向做功例：

　　　　　　　年　月　日　时
坤造：丁　丙　癸　壬
　　　　巳　午　亥　子

日时主位临比劫为体，年月宾位临财星为用，子午冲，巳亥冲，冲则往来互换。是用我主位的比劫去得宾位的财星，此为正向做功。此命为富命，有数百万资产。

反向做功例：

　　　　　　　年　月　日　时
乾造：甲　丙　辛　丙
　　　　子　子　巳　申

辛巳日主，主位临官星为用，而年月食神子水为体，与时上劫财申金之体形成党局。水来制火，宾位体来制主位用，反向做功。伤官制官，是个纪检、检察系统的官。戊子年考中公务员，进入纪检委。

四、能量、效率概念

从前边的论述我们知道，盲派看命不看日主之衰旺，只注重是否做功和如何做功。其实做功这个词是个物理学的概念，我们还可以引用物理学的另外两个概念：能量与效率，以便更深入地理解四柱命理的本质内涵。

物理学认为：消耗能量产生效率谓之作有用功，四柱也是这样，做功一定要消耗能量，能量是什么？四柱中每个字都有能量，天干能量低，地支能量高；我们可以将十天干与十二地支理解成不同属性与方向性的能量体，由于之间要发生刑、冲、克、穿、合、墓等关系，这样四柱中的字之间就存在着能量的碰撞、耗散与湮灭。所谓功神就是能量耗散之后能产生效率，有功；废神却是耗散能量之后不产生效率，无功；废神的另一种情形是不消耗能量，也不做功。成功者的四柱结构是有效率地利用这种能量，平庸者恰恰是无效率地浪费能量；成功者功神多而废神少，或功神虽少却效率特别高，平庸者则废神多功神少，或有功神却效率低。这样我们就可以分辨出人的富贵贫贱、三六九等。

例如，和珅：
年　月　日　时
庚　乙　庚　壬
午　酉　子　午

和珅是乾隆年间最得宠的内阁大臣。最多时，他能身兼十四个职务，办事能力超强，所以深得乾隆喜爱。观其四柱，子午冲，主位伤官制宾位官星，命中两官，一子对两午，其效率极高。得壬水帮子，官星得制服；又乙庚相合，官之原神也得制，故权力极大。

又例，乾造：
年　月　日　时
丁　壬　庚　壬
亥　子　辰　午

此造也为伤官制官，但伤食太多而官星相对太少，主位辰为伤官库，墓了伤官不来制官，相较和珅其制官之效率很低。所以其官职不大，最大是正处级。

再例，乾造：
年　月　日　时
壬　癸　乙　戊
子　卯　卯　子

乙卯日主，满盘水木，然后又现子卯相破，水并不生木，反有腐败木根之忌。全局之水木全部无功。唯有时上戊土有用，还太弱无气。废神太多而功神太弱，故是个差命。此人在农村种地为生，父母早逝，家徒四壁，光棍一条。

五、贼神、捕神概念

这是盲派命理常用的东西,其概念也是来自于现实生活。简单说就是:当命局出现制局做功的情况下,被制的一方因相对孤立,而制方成党成势十分强大,这种情况下我们一般称这类制局为净制。制方称捕神,被制方称贼神。就像警察抓小偷一样,警察特别强的时候,如果小偷特别少,或者没小偷,警察就没有用武之地。他就希望小偷出现,一出现正好就被他抓住,就可以体现他的价值。这是追捕的原理,也是命理中经常要用的一个东西。

例如,岳飞造:

年	月	日	时
癸	乙	甲	己
未	卯	子	巳

死木忌水,主位子水印星被未穿制服,未为羊刃库,印主权,故未穿制子主能得兵权。原局子水被火土包住,又无原神,十分孤立,可称为贼神,未土则为捕神,这种情况下喜行贼神大运或贼神流年。事实上岳飞行壬子大运子运最好,军权在握,战无不克。

第三节 干支配置原理

干支配置是讲干支之间的各种关系,包括:干支生克原理、干支互借原理、干支虚实原理,它是分析四柱的重要依据。

一、干支生克原理

天干可以克地支,地支不可以克天干。干支是君臣关系,以天干为君,地支为臣。地支与天干能互生,能相合,只有当地支克合天干时,地支才可以克制天干。如丁亥柱,亥中壬水能克合天干丁火。

天干与地支相合的干支配置:丁亥、己亥、辛巳、癸巳、壬午、甲午、戊子、丙戌(戌逢未刑时,丙能合戌中辛)、壬戌(戌逢未刑时,壬能合成中丁），其中前四柱地支能合克天干。

例如，乾造：
	年	月	日	时
	壬	壬	庚	辛
	子	寅	辰	巳

此造以七杀巳火生主位的辰土印星为功，杀主权力，再看巳上天干见辛，干支自合，地支合制天干，是七杀制刃。七杀表示权力，刃这里主武，所以他所在的工作单位应是执法部门，实际正是。

二、干支互通原理

此是盲派理论中最重要的论命要点之一，干支以禄与原身形态互通，不仅使我们对原局中某一神的作用及它的延伸作用有所了解，而且在应期的使用中是最重要的东西。

原身、禄：

原身：甲 乙 丙 丁 戊 己 庚 辛 壬 癸
禄：　寅 卯 巳 午 巳 午 申 酉 亥 子

禄是天干的延伸，是代表天干入地支行使权力；原身是地支在天干的延伸，是代表地支在天干做事。

需要注意的是，由于午与巳存在有两个原身，故而天干的丙与戊、丁与己存在着半通禄的象，也就是丙与戊、己与丁有某种兄弟般的亲缘关系。

还有，因未土中有丁火，丁见未是半个禄；同理，癸见丑也是半个禄。我们发现，辰戌丑未四墓神没有天干的原身，实际上他们没有原身，不能主观地认为辰戌原身是戊，丑未原身是己。

例如，坤造：
	年	月	日	时
	乙	戊	丁	庚
	巳	子	巳	戌

此造火土成势，意在去水（注：去是制去的意思，下同），局中两巳夹子，有制子水的意思，但巳火没有很好的办法制子水。再看天干透出戊，戊

能合去子，因戊通禄于巳，实际等于是巳去子水官。巳是夫宫，凡夫宫制夫星者，能制得住都为好婚姻，表示丈夫听她的话，故此造会找个好丈夫。夫宫的原身戊去子，子为戊的财，故夫赚大钱，数亿资产。行壬辰运，大发。应辰运发者，子被原局制净成贼神，喜辰来拱起水局，则能制更大的财，故发。

　　　　　　　年　月　日　时
　例如，乾造：**癸　庚　癸　戊**
　　　　　　　巳　申　丑　午

此造问父母情况，以巳火财星为父，巳的原身是戊，戊也为父。巳申合，申为母，戊癸合，同样的象，癸也可为母。两癸一申，丑中又一癸，一父配四母。他本人是父的第二个妻所生，年癸是父第一个妻，月印是其生母。

　　　　　　　年　月　日　时
　例如，坤造：**己　丙　丁　癸**
　　　　　　　酉　寅　卯　卯

柱中以酉为财，入宾位，是他人的财，主位卯冲之，为有功，是为别人做事的意思。但因己与丁是半个禄的关系，故此财也有她的份。她是一家酒店女老板，她占此酒店的四成股份。

　　　　　　　年　月　日　时
　例如，乾造：**丁　庚　己　庚**
　　　　　　　亥　戌　巳　午

蒋介石造。此造是火土成势，制亥水，亥本是财星，但亥中含官，又是官的长生，所以此造意在制官与官的原神，这样的功是非常大的。这个四柱的要点是年柱丁亥，丁是时上的午禄派出去的，丁亥自合，意思被制服的官还得归顺于他，所以能成为领袖人物。

　　　　　　　年　月　日　时
　例如，乾造：**甲　丙　己　乙**
　　　　　　　寅　寅　丑　亥

行己巳运之己，辛巳、壬午年有什么事？

巳年丙见禄，拱丑，穿寅，丑中金当暗财看，巳一拱，断此年得暗财；穿官的意思是背着公家搞的，有点违法。壬午年，己得禄，寅午会旺午，丑午穿，断此事被领导发现，受处分。实际是他在一家新闻机构工作，辛巳年搞一个有偿新闻，得暗财，壬午年冬被领导知道，处分。

三、干支虚实原理

干支的虚实与我们通常所说的衰旺不是一回事，传统命理讲衰旺是参照月令来定的，盲派讲的虚实只就一柱干支而言，与周围的生克关系没有联系。虚与实本身就有象，虚是一种存在状态，是弱化、轻化、气化。日主虚与日主实是两种不同的状态；财星虚、官杀虚、伤食虚都有不同的含义；原局实到大运虚，或原局虚到大运实，都有其特别的意义。

天干之气弱，地支之气强，天干要依附于地支才能得旺，地支不生扶天干，则为虚。虚实的基本原则是：天干无根无生者虚，天干有根有生者实。

	实：			虚：	
甲	甲	甲	甲	甲	甲
寅	辰	子	申	戌	午
乙	乙	乙	乙	乙	乙
亥	卯	未	巳	酉	丑
丙	丙	丙	丙	丙	丙
寅	午	戌	子	申	辰
丁	丁	丁	丁	丁	丁
巳	卯	未	亥	丑	酉
戊	戊	戊	戊	戊	戊
戌	午	辰	子	申	寅

```
       实：              虚：
      己 己 己          己 己 己
      巳 未 丑          亥 酉 卯


      庚 庚            庚 庚 庚 庚
      申 辰            子 午 寅 戌


      辛 辛            辛 辛 辛 辛
      丑 酉            巳 亥 未 卯


      壬 壬 壬          壬 壬 壬
      申 子 辰          戌 午 寅


      癸 癸 癸          癸 癸 癸
      亥 酉 丑          巳 未 卯
```

下边举例说明：

　　　　　　年 月 日 时
例一，坤造：庚 癸 戊 癸
　　　　　　戌 未 子 亥

原局出现癸未与癸亥两个象，癸亥为财实，癸未为财虚，各占宾位与主位。财可以表示商品，财从主位伏吟到宾位或财从宾位伏吟到主位，是商品转运或商品易手，而虚、实之象表示商品的价格发生变化，从不值钱或多的一方转到值钱或少的一方（实主多，虚主少），完成交换。所以这类组合多数会做贸易或销售。事实上她是个营销高手，一直从事营销工作，业绩非凡。

　　　　　　　年 月 日 时
例二，胡适造：辛 庚 丁 丁
　　　　　　　卯 子 丑 未

胡适之命两财星虚透，当财星以虚状态出现时，不表示财富，而表示才华。胡适之才学、文章都缘于财星虚透。当然并不是所以财虚透的人都有这样的才学，有的命并无学识，财虚透仅仅表示能说会道而已。

例三，乾造：

年	月	日	时
戊	己	己	辛
戌	未	亥	未

此造妻宫之妻星亥水表示妻子，原局满盘燥土克之，妻受克。行壬戌大运，妻星亥水化为壬水虚透，表示妻子要离开。果于壬戌大运己巳流年离婚。

例四，坤造：

年	月	日	时
庚	辛	辛	癸
寅	巳	酉	巳

此造禄神被两巳火克坏，食神癸水在局中虚透，可当寿元星，原局受天干庚辛金生。然行至丙子运之子运，癸落入地支，原来受生的癸水，到地支就没法受生了（酉金自身受克，无法生子水），反被巳绝、寅泄，寿必有损。到壬午年，一冲子水，食神被坏，命主被歹徒杀害。

此两例说明，四柱某字虚实之状态发生变化时，正是此字吉凶变化的应期。虚实之应期原理不仅表现在大运上，还可以表现在流年上。

例五，坤造：

年	月	日	时
丁	癸	辛	壬
未	丑	巳	辰

此造之夫星巳火，原局与宾位比劫库相拱，夫有外遇之象。行丁巳运夫星伏吟，夫外出。戊子流年，戊代表巳火夫星虚透，戊癸一合，正式离异。

第六章 盲派命理论命方法

盲派命理论命有三大法则：一为理法，二为象法，三为技法。

理法就是对命理的理解与认识，每个人的四柱就如一篇文章，你如何能读懂它，这就是理法要解决的问题。

命理的理法主要是从干支作用关系以及宾主与体用关系中分析四柱的做功方式，要看出命局的贫富贵贱以及大概的职业取向，当然对他每一步大运的吉凶也会有个判断。理法总结起来就是一句话：就是让你能读懂四柱。

象法是盲派命理最要害的东西，讲的是命理的细化。有干支象、宫位象、十神象与神煞象，通过象，我们可以断出一些非常具体的事情。如理法能看出某人的大概职业范围，象法可以确定具体职业，如生意人，要分析他做哪方面的生意，要依靠象法。象法还可以确定命局中非常细化的东西，如可以确定流年发生的具体事件。学好象法，使四柱推理能达到出神入化的境地。

技法是盲派命理最难的部分。什么是技法？比如，你要看一个人的父母在不在，有没有克，这不在理法的范畴，但要用到象，最后还是由技法来定夺。对于一个人的婚姻情况，也是通过技法来断的。本书主要介绍盲派的理法部分。

第一节 四柱入手方法

一、看四柱的功

盲派看命，首先要看的是四柱的功在哪里。具体到一个四柱时，要先看日干，再看日支。看日干只注重两点：其一要看它是否有合，合有两种，一种合正官，一种合正财。日干要合，就是本人想追求的东西，这种追求能否得到，就看这种合的功了；其二，如日干无合，还要看日干是否有生，也就是看有无伤官与食神贴近日干，如果有，这也是日干想追求的东西，就看伤官或食神在四柱中的功用了。日干如无合无生，就弃日干不看而专看日支，看日支与它支是否成党成势，或者是否与他支发生刑、冲、克、穿、墓及三合、六合、暗合，这些都是日支做功的方式。一般四柱看这两点就可以入手了，也有的四柱日干与日支都不做功，那就要求其次看有无禄神与比劫，看它们的位置在哪及它们是否做功。

需要注意的是，做功并不是理解四柱的唯一方法，有的四柱并没有干支之间的相互作用，同样能有富贵，那我们还需要从"象"的角度去进一步分析。也有的四柱是象法与功法同时兼有，但大多数四柱是可以通过做功方式分析的。

　　　　　　　　年　月　日　时
例一，坤造：　庚　己　庚　乙
　　　　　　　　戌　卯　子　酉

分析此造之做功：先看日主庚金合乙木财星，表示日主追求乙财；再看日支子水，子跟地支三支没有发生关系，反有子卯相破的毛病。再看主位的酉刃，卯酉相冲，冲制月令财星。所以这个四柱明显的两个功：乙来合庚与酉来冲制卯。

再看乙木，它代表的是月令之卯，表示很旺的财星，而卯戌合，卯木之财又合制戌土官杀库，说明这个卯木又有做功。这样一来，时上乙木看似很弱的财星，实际代表了非常大的财富。日主得到这个乙，表示得到巨财。事实上此女丑运发财几千万，丙子运入狱，后乙亥运又发财至亿。

　　　　　　　　年　月　日　时
例二，乾造：　甲　乙　甲　己
　　　　　　　　寅　亥　戌　巳

分析此造之功：先看日主甲木与己相合，己财是日主追求的东西。己坐巳地，财星旺相，日主弱合之不得。再看坐支戌是巳火之墓，本身又是财，汇集了很大的财富，但日却没有能力拿到，并没有什么功。

再看月令亥冲巳，巳亥之冲一方面将巳从戌墓中冲出；另一方面，亥是日主之长生，是体的东西，体作用于用，是一种取财方式。我们看年月甲寅、乙亥两柱与日主紧紧连在一起，成为一个整体，虽在宾位，但成为日主的一部分。所以通过巳亥冲的作用，将戌墓中之财富冲出为功，天干还有两甲加乙来合制己财，所以此造能得大财。只不过他发财须与别人合伙，或得到别人的帮助才行。

事实上，丑运发迹，现有数千万资产。

例三，坤造：

年	月	日	时
壬	戊	戊	丙
寅	申	子	辰

分析此造之功：戊土日主，与他干无合，也不透食伤，日干无功，看日支。日支子水成申子辰三合局，日主落中神，此党局中申金食神冲制年上七杀寅木，此一冲，寅木与寅中丙火俱被制服，寅杀当财富看，功量很大，是个亿万富翁的级别。

行甲辰大运，发财数亿。癸卯运癸水代表子水虚透而被卯破，主位之中神被坏，寅申之功与日主无关了，破财无数。

例四，乾造：

年	月	日	时
癸	庚	甲	辛
卯	申	寅	未

分析此造之功：甲寅日主得禄通根，甲无合无生，日干无功。再看日支寅，寅被七杀申冲，杀为我害，无功可言。再看寅入未墓，是进了有钱的地方，财带官星本是有单位工作之象，然辛克甲太甚，为又为日主所不喜，故而工作也不能干。整个四柱没有什么功，只能靠寅中丙火之食神，在大运行火运时方可有一点制杀之功用。

事实上，此人是业余围棋六段，但因没有进入专业段位，又不从事其他职业，自己没什么收入，成了一个社会闲人。

例五，乾造：

年	月	日	时
癸	丁	丁	乙
卯	巳	巳	巳

此造满盘比劫，但并无财星可制；一点癸水杀星坐卯无气，卯木被巳火泄尽。从做功角度讲，没有刑、冲、克、穿、墓、合等干支作用，但并非表示此命无富贵。需要从"象"的角度去理解：丁火可以类象为文字或文章，而卯木则为书本，卯被火泄成丁火，就是读透书中之文章，其学问之高不言自明。一点癸水虚透表示为名气，故此造可以表示是一个文化名人或学问家。事实上是古代一位翰林院编修。

二、看四柱做功的等级

1. 做功等级大的四柱

传统命理以日主之衰旺求四柱用神，其思想本意在于求得五行之平衡。然从做功的角度理解四柱则刚好相反，凡是有大富贵的四柱，多数是不平衡的，即有偏于一方的"势"，然后通过这个势去做功。这与现实生活是完全一致的，势就是党，一个成功的人一定不是单个的人在做事情，他或者有自己的党，或者有自己的团队，由他领导的团队共同完成一件事情，这样才能做成大的事业。参与做功的字也分主要功神和辅助功神。如巳火制申金，遇卯木，卯木生巳火为辅助功神，巳火为主要功神。

富贵四柱做功的等级往往很大，这种等级可以分为几个层次，或者叫几层功。就富命而言，一层功达到的层次是百万级；二层功达到的层次是千万到亿级；三层功达到的层次是亿到数十亿级；四层功达到的层次是百亿到千亿级。一个四柱最多能达到也只有四层功罢了。如果就贵命而言，一层功能达到科级到处级；二层功能达到处级到厅级；三层功能达到厅级到省部级；四层功能达到总理或元首级。我们普通百姓，能达到一层功量就很不错了，有的命只有半层功或根本无功。

如何确定功量大小？一般而言，在制局中，原神用神同制者，为两层功量。如命局中财与财的原神同制就是千万级的富翁；或命局中官与官的原神同制就是厅级以上的官员。还有，制局中制墓库为功量也是两层。除制局之外，其他如七杀当财富要比财当财富的量级高一层，也就是说，命局中七杀能当财时就是千万级别的财富。局中有入墓为功者，算作一层功量；如出现年时包局，或者包制之局，又加一层功量。做功层次高的命，正是这些功量的叠加，从中我们可以分析出人命的富贵等级，以及财富与官贵的量级来。试举例说明。

　　　　　　　　年　月　日　时
例一，李嘉诚命造：　戊　己　庚　丁
　　　　　　　　辰　未　午　亥

此命局最能体现四柱的功量。首先此造是有火与燥土之势，时上亥水为财与财的原神，由午亥相合，与丁亥自合而合制为功，两层功量；再看亥出自于辰，从辰墓中引出，表示亥水有源头得到一个大的库，再加一层功量；再看这个辰本身又是未的墓库，月令己未全部入墓于辰，又加大了辰的功量。最后算下来，李嘉诚命局共有四层功，是个千亿级别的富翁命。

己未与戊辰都可以表示地产，而辰与亥的组合可以表示港口，事实上李嘉诚的企业主要以经营这两项为主。

　　　　　　　　年　月　日　时
例二，乾隆命造：　辛　丁　庚　丙
　　　　　　　　卯　酉　午　子

乾隆命局之贵并非因为地支子午卯酉全现，而是在于做功的功量层次高。命局没有形成一方之势，他的做功是通过一级一级相制形成金字塔形的权力结构。

子水伤官表示他的思想，制主位的午火官星，一层功；午是他手下的官员，带丁火制月令的羊刃，又一层功；酉是军队与执法，带辛金制年上的财星，又一层功；天下的财官与军队，全让他管理了，所以是帝王。

　　　　　　　　年　月　日　时
例三，克林顿命造：　丙　丙　乙　戊
　　　　　　　　戌　申　丑　寅

克林顿命局是个围制结构，即寅与戌之火局，加两丙透干，围制局中申与丑，这种组合就像一个围猎场一样，我们将这类结构的制局称为包制。包制本身就是一层功；申为官，丑为官之库，申入丑墓本身是一层功；再加之戌刑丑，寅制丑之制墓之功，其功量级别自然非常之高。行辛丑大运，原局中代表权力丑土官库到位，连任两任总统。

例四，蒋介石命造：

年	月	日	时
丁	庚	己	庚
亥	戌	巳	午

蒋介石命造之做功非常易看，原局有火与燥土成势，意在制亥水。亥本身是财星，却是官星长生，中含旺官。有戌克亥、巳冲亥、丁亥自合，官与官的原神被制，制之干净，两层功量；主位巳、午同入戌墓，墓加一层功。再加之局中伤官庚金作为亥水的原神也在制当中，只是制之不净，达不到四层功。所以他领导的民国政权总是不能安定，伤官者，造反之意，最后在大陆丧失统治权，也因为伤官制之不净之故。

例五，岳飞命造：

年	月	日	时
癸	乙	甲	己
未	卯	子	巳

原局做功是靠子未穿，主位的印星被年上财星所制；再看未为乙卯羊刃之墓，等于未又做一层功，加为两层功；原局出现时上己巳与年上未形成财包印局，包局再加一层功，共三层功量，相当于省部级高官。只是有年上癸水透干无制之毛病，所以会遭小人之害。

例六，乾造：

年	月	日	时
乙	丙	甲	甲
未	戌	子	戌

此造做功也是靠子未穿，年未透出羊刃，是属执法部门之高官。因没有羊刃入墓之功，所以比岳飞少一层功。两层功量官可至厅级，如果行运配合好可以至副省级。事实上是一位副省级的高官。

	年	月	日	时
例七，乾造：	丙	戊	戊	甲
	申	戌	寅	寅

此造年上食神申金被制，参加制申者有两寅木七杀及寅中长生出的丙火，但戌之燥土并不制申，只与寅木拱生火局。主位的杀星表示权力，参与了做功，所以是个官员。申金及申中之水被制，两层功量，是个厅级官员。

	年	月	日	时
例八，乾造：	壬	戊	丙	壬
	寅	申	申	辰

此造主位坐财，申辰一党，申去制寅，财星做功，制寅是两层功；申中壬水七杀透出，杀星当财富看时其级别比财星高一级，所以此造有三层功，数十亿富翁。

	年	月	日	时
例九，乾造：	壬	戊	癸	庚
	寅	申	巳	申

此造癸水日主，坐下财星巳火，财来合制印星，控制两印。戊癸合，官星带印合到日主，也表示戊申一住被我控制；局中寅申相冲，两申制寅，是财与财的原神被制，再加两层功量，共三层功，从事金融与矿产业，资产数十亿之巨。

2. 做功等级不大的普通四柱

盲派是用做功及功的大小来区分四柱的贵贱，普通四柱是有功，但功不算大。一般有三种情形：一是四柱形不成气势，但主位有功，这样的功都不会很大；二是四柱虽有气势，但气势浪费了，做的功却很小；三是四柱中没有冲制、合制、穿制、包制，只有相克之制，或者是以相生的形式来做功，这些功量相对就比较小。

普通四柱造就是普通的人，社会中绝大多数都是普通人，他们有工作，有职业，有收入，不当大官，也不发大财。

　　　　　　　年　月　日　时
例一，乾造： 丙　戊　辛　癸
　　　　　　戌　戌　巳　巳

此造有火与燥土之势，势实在太大，但所做的功仅仅是制时干之癸水。所幸有巳入戌墓之功，能有工作单位，难以成大贵。虽谈吐风雅，但也只是个普通人。

　　　　　　　年　月　日　时
例二，坤造： 壬　己　乙　丁
　　　　　　子　酉　丑　丑

此造有金水之势，丁壬合能去时上丁火，但丁之能量太小，这样的制法效率不高。再看主位丑土与七杀酉金相拱，成三合局之半局，其表达的意思是自己要入官场，是辅佐他人之职。这也是做功，是相生之功，但功不算大，故能有小职权。

　　　　　　　年　月　日　时
例三，乾造： 庚　庚　癸　丁
　　　　　　戌　辰　未　巳

此造我们发现没有势，金水和火与燥土两党力量相当，不能形成一方制去另一方，这就不以势看。我们再看他的功在哪里？日干无功，弃之不看，专看日支未土，未土受时上财星之生，意思是外边的财要生到他家里，故是个有钱的命。但这种相生效率都比较低，故是个普通人，收入较高而已。

　　　　　　　年　月　日　时
例四，坤造： 壬　甲　庚　辛
　　　　　　子　辰　午　巳

此造坐下官星，被子水伤官所制，但有巳火杀星无制，午火官星制之不干净，再加之子水离午火隔位相冲，冲之力度减弱，幸子水得库加强其力。如运行得好，有两层功量，行至水运，富有千万。

例五，坤造：
年	月	日	时
壬	甲	庚	己
子	辰	寅	卯

此造坐支寅木财星带官，寅木带甲木制辰，辰为食神之库，壬子入墓于辰，所以她适合管理餐饮。事实上是一家大酒店的主管。命局虽有两层功，但所管理酒店是别人的资产，主位的财星寅木只是受子水之生，她本人的财富只是靠相生所得，赚取高工资而已。

普通四柱的做功方式实在太多了，不能一一列举。在后边章节的命例中，还要有所涉及。

3. 功量小或无功之差命

差四柱一般有几种情形，一是四柱找不到功神，主位的东西不做功；二是虽然有做功，但做功效率很低；三是四柱中制局做功不到位或不彻底，或者出现严重破坏做功意向者；四是四柱废神太多，越是差四柱废神越多，越好的四柱废神越少。

例一，乾造：
年	月	日	时
丙	乙	甲	丁
子	未	寅	卯

此造似乎是比劫羊刃之墓未土穿制子水，然甲木通根而夏生，见水必是活木，见丙丁透干如夏天之烈日，极喜子来滋润，所以被制不仅无功，反而有害。命局废神太多没什么功神，所以一生以劳动糊口，无产无业。

例二，乾造：
年	月	日	时
壬	丙	丙	丁
辰	午	申	酉

此造虽比劫众多，却不见印星，年上杀星无制无化，有杀却无功，反为日主所忌。只能考虑比劫制财做功，然财星又太重，难以克伐。所以是个功量很小的命局。农村苦力劳动者。

例三，乾造：
　　　年　月　日　时
　　　甲　乙　己　辛
　　　午　亥　巳　未

此造看地支有火与燥土成比禄之势，冲制亥水财星，似乎功量很大；然再看天干亥中甲乙并透，来制日主，所以地支之制财官之局，全被天干坏了。一生没有富贵，农村打工为生。

例四，乾造：
　　　年　月　日　时
　　　己　庚　己　甲
　　　丑　午　卯　戌

此造地支有戌来刑制丑为功，相刑所隔太远，所制伤食库之力已不足，再加之庚金透干无制，制局之功明显不彻底，所以功量不大。木匠职业，在农村有小富。

例五，乾造：
　　　年　月　日　时
　　　己　己　甲　甲
　　　酉　巳　申　子

甲己合财之局，日主无力取财，意在通过巳火食神制申杀取财；然地支金水成党，巳火反坏，功神被坏，无功可言。虽生在城市，工作一直不稳，打工又不赚钱，无钱结婚成家。

例六，乾造：
　　　年　月　日　时
　　　壬　壬　丙　丁
　　　寅　寅　子　酉

此造坐下子水官星去生宾位之印星，印星干透七杀，与日主无关。所以地支全无功用，废神满盘。唯有虚透丁火劫刃有用，但这种功量太小，手艺之人，是个泥瓦匠，在外打工为生。如寅与子的位置换作交换，则必为公职人员。

例七，乾造：
　　　年　月　日　时
　　　癸　己　丙　甲
　　　丑　未　辰　午

看此造，月柱与时柱结成火与燥土党，年柱与日支结成湿土党，命局本意是体来制用，丑冲未做功，然坐下辰是丑党，未冲丑无力，无功之命。整个四柱中的字全是废神，故是个穷命，一生没有什么作为，无妻无子，无所事事。

第二节　做功的方式

盲派命理为什么要废弃传统的用神理论？这是因为在盲派的体系中，用神是一种不确定的东西，准确地说是根本就没有"用神"这个概念，所以不需要来定义它。盲派体系在有了"体用"和"宾主"的概念后，一个四柱我们主要是需要理解它表达的意思，也就是"做功"。打个比方，比如说我喝水这件事，我用手拿杯子喝水，喝到了我就成功了，那么到底"手"是用神还是"水"是用神？因为这里"手"与"水"是相克的两个事物，所以定义"手"与"水"哪个是用神，哪个是忌神，都不合适。因为看命的立足点发生变化，所以用神与忌神这样的概念就废止不用了。

如果我们废弃"用""忌"神这个概念，对命理的认识反而简单得多，我们将这"手拿住杯子喝水的过程"统统称做四柱的"做功"，凡参与的神都称为"功神"，而被"手"拿住的"水"，我们称它为制神更合适。下面是我总结的盲派体系中做功的几种类型。

一、制用结构做功

四柱通过体用与宾主之间"制"的关系，得到命主所用的东西。因为这种结构非常常见，占四柱的大多数，我们在后文中还有制法的详细论述，在这里只举几例说明。

例一，乾造：
年　月　日　时
乙　己　己　庚
巳　丑　未　午

此造是全球首富希腊船王奥纳西斯命。局中地支有巳午未，火与燥土成势，丑未冲，主位之未杀库制月令丑土，月令之财与财的原神被制。论功量制库两层功，杀库作功一层功，加包制一层功，有四层功量，所以成巨富。

     年　月　日　时
例二，坤造：丙　辛　戊　壬
     午　丑　寅　戌

此造地支寅午戌合成火局，制月令辛丑。丙辛合制，三合局之中神又在宾位，制伤官之力主要来自于宾位，虽也是富命，但远不如前者。搞国际贸易发家，数千万资产。

     年　月　日　时
例三，乾造：癸　戊　己　甲
     卯　午　酉　戌

此造有火与燥土之势，局中唯一的酉金在坐支，酉被戌穿，制食神局。且年上癸水也被制服，制之彻底能成大富。行乙卯大运之卯运，卯木助起旺火，冲酉金，发财数千万。

二、化用结构做功

有一些四柱官杀较重，四柱中又有印星化官杀，形成官杀生印、印生身的结构，把官杀凶的力量转化为自己所用。这种结构并不多见，试举几例。

     年　月　日　时
例一，乾造：壬　丙　戊　乙
     寅　午　寅　卯
大运：丁　戊　己　庚　辛
   未　申　酉　戌　亥

此造官杀比较重，月令丙午这一柱贴身，泄官杀生自己，化七杀为我所用，所以是个当官的命。但时上官化不了，戊土日主又怕正官来克，乙卯是个很大的毛病。己酉运冲去卯木，为升职吉运；庚戌运之庚运尚可，庚来合乙，不害日主，戌运印星入墓，丢官失职，下海经商。

例二，乾造：

年	月	日	时
戊	壬	丙	壬
申	戌	寅	辰

此造时逢旺杀，坐下寅木印星能化杀生身，但遇年上财星冲坏印星，虽有公职，但不是公务员，是一家国营企业董事长。行丙寅大运，升职。

例三，乾造：

年	月	日	时
甲	丙	己	甲
子	寅	丑	子

此造为清朝一中堂大人，官得财生，得令而旺，官又合身，然此造之贵在于丙印高透，呈官星配印之格。印主权，丙有帝王之象，故为皇帝近臣。

三、生用、泄用结构做功

生用是指伤食生财组合：其一是财在主位，由宾位之食伤生之为功，这种情形一般是自己做生意取财；其二是主位的食神去生宾位的财，也为做功，主我的智力头脑为他人服务，做经理人之类的职业；其三是原局伤食旺相，生财为用，谓秀气发越。

泄用是指食伤泄秀组合，如同植物开花一样，彰显其才华、才能。

例一，坤造：

年	月	日	时
辛	庚	庚	己
亥	子	寅	卯

此造主位临财，宾位伤官、食神，宾来生主，财源不绝。故为富婆命，行至财运，与夫创业发迹，富有千万。甲运合己，合到门户，移民外国。

例二，坤造：

年	月	日	时
癸	甲	癸	癸
巳	子	卯	亥

此造坐支食神，生宾财巳火财星做功，巳除财外，含有官星，癸水日伏吟到年是制官。虽然是替公家做事，但自己有职务，曾任一家国有商业企业经理。

例三，坤造：
	年	月	日	时
	丙	乙	癸	甲
	午	未	酉	寅

大运：甲 癸 壬 辛 庚
　　　午 巳 辰 卯 寅

此造是伤食生财，与日柱癸酉没有关联。四柱的气势全归于年上财星，但在原局中找不到得到此财的办法。幸行壬辰大运，壬制财星而辰合到主位酉，发财数千万。后运则再无起色，一直花钱破财。

例四，乾造：
	年	月	日	时
	壬	癸	壬	壬
	寅	卯	子	寅

大运：甲 乙 丙 丁 戊 己
　　　辰 巳 午 未 申 酉

此造有水木之势，但这种势不做什么功。那么此造之功是什么呢？我们看到日柱壬子生了伤官食神，而食神里面藏财星，又能转化为财，所表达的意思是，将自己的想法变成财富，我们称其为内食神成格，内食神一般都是做企业的企业家，行丙午大运，财星发越，任一大型国有企业的董事长。

例五，坤造：
	年	月	日	时
	乙	丙	甲	乙
	未	戌	子	亥

此造地支年月是燥土，日时是水，土水相当，谁也不能制服谁，地支无功。看天干甲木生丙火，甲木为活木，生火为花朵，所以此人长得漂亮，是个演员。丙火又生戌土，此为食神生财，能富，后从商发迹。

例六，坤造：
	年	月	日	时
	甲	甲	癸	辛
	午	戌	亥	酉

林青霞命造，甲木伤官泄秀，故美貌绝伦。金生水，水生木，木生火，火生土，一气相生有情。夫星得财库而受甲木制服，故后能嫁得富商。

例七，坤造：
年	月	日	时
癸	癸	壬	癸
亥	亥	寅	卯

此造满盘比劫，得寅卯伤食所泄，然秀气并未透干，相貌平平。此为普通农村老妇人，一生并无大作为，却生得五子三女，个个富过百万。食伤表示孩子，也表示自己的寿程，食伤有功，则表示孩子优秀，自己寿至九旬。

四、合用结构做功

日主或日支为"体"，合住宾位的"用"，这类为合用结构。日主合，要么合财要么合官；日支逢六合、暗合，可合财、合官、合伤食、合印星，所合的东西就是日主所追求的。可否让日主顺利得到想合之物，便要看四柱的整体配合了；如果合局坏了，这个四柱就坏了。

注意：合财的时候要看身强身弱。只有合财的时候讲身强身弱。什么道理呢？合财就像背一个包袱，身强可以胜财，身弱就不能胜财。此时的身强并不是党多为强，只要坐支得旺就表示强。具体有以下几种情况：

1. 身强财旺，合财可发财；
2. 身弱财旺，财又无功，则合财为穷；
3. 身强或身弱，遇财星虚透合财时，要看此财代表什么，若无所指代，财虚主才能，不主财富；

例一，乾造：
年	月	日	时
庚	丙	壬	丁
子	戌	申	未

此造壬申日，合丁未财星，身强财也旺，财星合身，是为富命，从事房地产开发，发财数千万元。

例二，乾造：
年	月	日	时
癸	癸	戊	辛
丑	亥	申	酉

此造日主合财，但是日主太弱财星太旺，日主无力取财，财星又不做

功，所以为穷命。婚姻离了，工作没有，在贫困线上挣扎。

例三，乾造：
年	月	日	时
庚	己	戊	癸
戌	卯	子	亥

此造戊子日逢癸亥时，也是财星太重日主又太弱，本不胜拿财，然此造却财星有功，亥水生了卯木化财为官，又被卯戌合绊，功量很大。行辛巳大运，引戌中之火冲击亥水，经营钢财生意，发财数千万。

例四，乾造：
年	月	日	时
癸	乙	丙	辛
丑	卯	午	卯

此造日主强而财星虚透，丙辛相合，合虚财辛要看辛是否有所指代。此造辛代表丑，丑为财库原局不开，取辛代丑象，故是个有财之命。虚财又表才学，讲学售书取财，生活富裕。

例五，乾造：
年	月	日	时
庚	庚	庚	乙
子	辰	午	酉

此造日主合财，财星乙木虚透，且并无指代，这种合不表示富也不表示穷，只表示才学。四柱的功主要不在这里，而是年上子冲制坐支的午，伤官有功，伤官主技能，官可主财富。实际此人是一位书法艺术家。所以四柱合财只表示一方面，而还要从别的方面寻找四柱的功用，才能不失偏颇。

例六，乾造：
年	月	日	时
己	丁	庚	己
酉	卯	戌	卯

日支合财，两个财往身上合，富的意思。这个命还有个特点：有两个老婆，两个财都合妻宫，这两个老婆同时存在。其中一个老婆是月令卯，是他的同学，而且是离过婚的，因为有卯酉冲，离婚后跟他一起过。

例七，乾造：

年	月	日	时
癸	壬	庚	乙
巳	戌	申	酉

此造日支合杀，日干合财，但从命局的整体气势看，是金水之气势，所以这里的七杀处于被制服的状态。书曰："七杀有制化为权"，被制的七杀又合到我主位，便表示我有权力。实际此人是一位纪检干部。时上乙财合日主庚，不是此命的主要功所在。

例八，乾造：

年	月	日	时
丙	甲	乙	甲
申	午	卯	申

此造乙木坐禄卯，卯申暗合，年、时上正官合到日主。年上申金被丙午火围制，伤官制官为功。被制的官星合到主位，所以是个当官命。

五、墓用结构做功

入墓也是一种做功方式。墓这里可以理解成得到、控制、管理、拥有、占据等含义。墓的用法在以前的章节中已有论述。

例一，乾造：

年	月	日	时
己	癸	壬	庚
未	酉	寅	子

寅木食神墓于未，寅是他主位的食神，表示他本人的才华，入于官墓，说明他的才华被官方所用，寅为内食神，主企业，所以他是个企业的经理人。未墓寅，就是此造的做功方式，若无寅木，官星克身，官成害我之物，无功，官就不可为我所用了。

例二，乾造：

年	月	日	时
壬	壬	己	戊
辰	寅	丑	辰

我们看此造坐支丑土有两个功，一是寅丑暗合，暗合官星，官星带财，为国有企业之官。到晚年，又应丑入辰墓，戊为劫财，别人的企业，给别人

打工，或合伙经营。劫财墓自己的丑，别人大自己小，所以现在是私企经理，并入有股份。

例三，乾造：

年	月	日	时
壬	己	丁	己
寅	酉	丑	酉

丑是财库，两酉入库，不为拱局，是墓用结构，意思是自己控制着很大的财产。丁壬合，日主合了官，这说明自己受官方管理；寅丑又暗合，说明丑这个财库也不是自己的，是官印的财库，是国有企业。实际他是个官员，管理很大的电厂。

例四，曾国藩命造：

年	月	日	时
乙	己	丙	己
未	亥	辰	亥

丙坐支辰土收两亥入墓，亥为七杀加印，此墓之功量很大，加之又有两伤官如同两盖一样，将两亥盖入墓中，故能官至极品之贵。

六、复合结构做功

我们前边讲了许多种做功方式，现实中我们遇到的命，有的不仅仅是一种做功方式，而是有多种方式做功。对应实际，他可能一生会从事多种职业。我们应将每一种方式都找出来，一一做出分析。也有的四柱原局只有一种做功方式，但由于大运行运的不同，也会有多种做功方式出现。

例一，乾造：

年	月	日	时
壬	辛	庚	丁
午	亥	辰	亥

此造金水成势，制去年支午火，是制用结构做功。再看两亥水入辰墓，制火之食神最后被主位的辰土控制，是墓用结构做功。所以这个命造就是有两种做功方式，相辅相成，表述什么意思呢？食神为思想之意，官星太弱，这里指荣誉之意；辰土将这些思想汇集在一块，所以一定是位学者或科学家。实际此人是一位数学家。

　　　　　　　年　月　日　时
例二，乾造：甲　癸　丁　庚
　　　　　　　寅　酉　丑　子

此造日主丁火没有功，弃之不看，看丑土。寅丑暗合，酉丑半合，子丑又合，丑有三种合，这是三种不同的功，表明他一生从事多种职业。丑酉拱局是生助宾位的财，用自己的头脑为别人服务；子丑合是绊住子水杀星，这个杀带财星，意思是钱财的管理者。而寅丑暗合，是表示与外边的机构搞关系，或与外边的机构有松散的合作关系。这样合起来就可以判断此人的情况：先搞业务，后搞管理，还要跟外边有联合。实际他现在是主管业务的副总经理，且与许多机构进行联合。

虽然看起来有三种不同的功，但论功量只有一层，不是三层功。

　　　　　　　年　月　日　时
例三，乾造：戊　甲　甲　丙
　　　　　　　申　子　寅　寅
大运：乙　丙　丁　戊　己
　　　丑　寅　卯　辰　巳

此造看原局，是年支杀生月支印，月支印再生到日柱，是化用结构做功。但到丁卯运，卯破了子，子便不能发挥作用，化用不成了。但有卯申暗合，因为活木阴阳能借用，这里的卯就可以当自己来看，卯申暗合就是自己合到杀的意思，此运也能当官，是合用做功。到戊辰运，申子辰三合印局，回归到本局化用做功；到己巳运，水到绝地，印不能化杀了，但我们看到巳是丙之通禄，巳与申合，在此运等于制住申金，又成制用做功了。

　　　　　　　年　月　日　时
例四，乾造：戊　丙　丁　癸
　　　　　　　申　辰　巳　卯
大运：丁　戊　己　庚　辛
　　　巳　午　未　申　酉

分析此造，丁巳日之巳合制年上财星，卯木助巳火之力，地支是制财之功；再看年干戊土透出，伤官要合时上杀星，伤官出于坐支巳，表示自己的思想、脑力，杀星虚透主名气，杀星从月令辰中透出，也表示公职。所以此命有两个不同的功，也主两个不同的职业。命主行食神运当老师十余年，行庚申财运下海经商，应巳申之合取财，发财数百万。

例五，坤造：
	年	月	日	时
	壬	丁	壬	乙
	寅	未	申	巳

大运：丙 乙 甲 癸 壬
　　　午 巳 辰 卯 寅

该造的第一个功是日主壬合月令丁财，财下坐官，此官虽与日支申印相邻，但不相生，显然不是官职而是代表给她发工资的工作单位。这是个什么工作单位呢？我们看未官是个伤食库，这个寅木是壬水伏吟到年上坐下食神，表示自己的才能、学识、脑力服务于此，事实上她是一家医院主治医师。

再看该造的第二个功，壬生乙，乙木伤官主想法，乙生巳财星，自己要搞投机经营来发财，巳申合，表示此财可以得到，巳穿寅，表示原来的工作不想干了。

卯运一到伤官落地生起巳火财星，所以辞职去搞直销，年收入超过百万。

第三节　制局通辨

因制用结构的做功方式占有四柱的多数，又非常繁杂，所以我们单独作为一节来专门论述。

制局结构中一般需要四柱有一方之势，制另一方。从五行之势看，有许多种情形：有木势，有火势，有金势，有水势，有燥土势，也有湿土势；许多四柱往往是两种势同党，而不仅仅只有一种势，如：木火可以一党，金水可以一党，水木可以一党；火与燥土可以为一党，金与湿土可以为一党，水与湿土也可以为一党。

成党之后，还要看是否有功，也就是必须有所制的神，如木势可以制土，也可以坏金；火势可以制金，也可以坏水；金势可以制木，也可以坏火；水势可以制火，也可以坏燥土；燥土势可以坏水，也可以坏金，还可以坏湿土；湿土势可以坏火，也可以坏燥土。还有：木火有势制金（若金中含水也同制）；火与燥土有势制水（水中含木也同制）或制金水或制湿土（湿土中所含的东西也同制）；金水有势制火（若火中含土也同制）或制燥土（燥土中所含的东西也同制）；金与湿土有势制木火；水与湿土有势制燥土或火；水木有势制土（土中含的东西也同制）。

从十神之关系看，有五种制法，具体如下：

一、比劫与财的配置（比肩制财局或财制比劫局）

A. 比劫制财局

例一，坤造：
年　月　日　时
戊　庚　丁　癸
午　申　巳　卯

此造局中木火有势，通过巳申合，制了申金和水，属于比劫制财的结构，有戊午、丁巳包局制财，所以做功很大。局中申主机械、机器，在宾位主别人的东西，时上带印主门店，所以适合开店做别人的机器、机械之代理。实际此人是外地一家钢结构公司在太原总代理的市场部经理。

例二，乾造：
年　月　日　时
丙　辛　丁　丙
午　卯　卯　午

大运：壬　癸　甲　乙　丙　丁
　　　辰　巳　午　未　申　酉

命局本身比劫太旺，丙辛合制财星，财星太弱缺乏效率，所以他本人并无大的财命。整个午运中就发了两年的财：庚辰年得了1000万韩元；辛巳年得了 4000 万韩元（总计相当于 30 万人民币）。这里运用了贼捕神原理：以木火为捕神，金水为贼神。原局捕神旺，喜欢大运流年贼神出现。另外，他局中制辛金靠的是丙火，丙火是劫财，所以他靠的是合伙求财，而且他这个财得的很容易，就像天上掉馅饼，因为劫财替他取财了，不用费自己什么力。

例三，乾造：

	年	月	日	时
	丙	壬	癸	丁
	午	辰	丑	巳

此造月令壬辰比劫得库，日主癸丑入于辰墓，依仗比劫之势。年时旺财包局，壬冲丙而合丁，劫财制财。命局功量巨大，行丙申运大运，开发房地产，发财数十亿。

B. 财制比劫局

例如，乾造：

	年	月	日	时
	戊	己	癸	己
	申	未	巳	未

此造是火与燥土有势，即月令己未、坐支巳火与时支己未构成火土燥势，通过巳申合的关系制去申金及申中之水，谓财制比劫加印。如果分析此造做功的意义，则又可以细拆：巳是我的财，巳申合表示我的财放出去，组建一机构（印星代表机构），进行一系列炒作（申中含劫是炒作之意）。戊癸合，这一切都在我的控制之中。我的财星通过做功而量级倍增（制申，损坏别人）。事实上命主曾是一位超级庄家，最高时资产曾有数十亿人民币。

二、比劫与官杀的配置（官杀制比劫局或比劫制官杀局）

A. 比劫制官杀局

例一，坤造：

	年	月	日	时
	甲	戊	丙	甲
	午	辰	午	午

大运：丁　丙　乙　甲　癸　壬
　　　卯　寅　丑　子　亥　戌

此造木火成势，比劫成党，意在去辰中之水。原局辰库不开，难制。大运行至亥子水运，引出辰中之水，被原局中火制之，此二十年发财。行戌运比劫带库冲入辰中，制辰中官杀，发财更大。

　　　　　　　年　月　日　时
例二，乾造：庚　壬　丙　甲
　　　　　　戌　午　子　午

官星坐支，被局中旺比劫冲之，制官之意。虽劫刃带库，却因壬水高透无制反生而坏局，虽有官，却官不大。戌为食神主学校，是一个乡学校校长。

B. 官杀制比劫局

　　　　　　　年　月　日　时
例一，乾造：戊　壬　癸　戊
　　　　　　辰　戌　巳　戌

此造是火与燥土成势，在主位成财官之势，制的是宾位的辰中之水，为财库制劫财库，坐支巳入墓于戌，加大其功量。而命局戊癸合，日主合官又是管理控制的意思。所以这是个管理财的大官。行戊辰运，辰土出现被制，升朝中宰相。

　　　　　　　　　年　月　日　时
例二，阎锡山命造：癸　辛　乙　丁
　　　　　　　　　未　酉　酉　丑

阎百川之命，有两种功：首先是旺杀入墓，丑统命局的全部七杀，丑为权力之库，被一丁所盖服，因丁丑为相生，不为制服关系。另一功是丑未相冲，掌握巨大权力之丑，冲制未，杀库制比劫库之功，因相隔甚远，功量有所减弱。功量有三层强一点，故能掌握山西军政大权三十余年。

三、伤食与官杀的配置（伤食制官杀局或官杀制伤食局）

A. 伤食制官杀局

例一，袁世凯命造：
	年	月	日	时
	己	癸	丁	丁
	未	酉	巳	未

看袁世凯造，火与燥土成气势，即比劫与食神成势，意在制杀与杀的原神。食神在年制杀，劫财在日制财，杀与杀的原神被制，所以贵为极品。行辰运晦火生金，制之不成，被贬职。丁运任总统。

例二，乾造：
	年	月	日	时
	庚	乙	庚	壬
	午	酉	子	午

清朝大贪官和珅，金水有势制火，伤官食神制官，所以是大官。行亥子丑北方水地，升大学士、军机大臣。行至庚寅运，官星得长生，而日主临绝地，官制不住了，被革职查办。

B. 官杀制伤食局

例一，乾造：
	年	月	日	时
	己	己	辛	甲
	卯	巳	亥	午

此造火土成气势，巳亥冲又午亥合，意在制亥水伤官，为官杀制伤官局，表示我的才能为官方所用。制之干净成贼神捕神，行癸亥运升至省部级之职。

例二，乾造：
	年	月	日	时
	壬	丁	辛	甲
	午	未	巳	午

此造官杀成势，丁壬合，壬水被制，官杀制伤官有功。原局伤官太弱，功不大。幸大运行至辛亥、壬子运，捕神旺贼神出现，官职连升，至厅级。

四、印星与伤食的配置（印星制食伤局或伤食制印星局）

A. 伤食星制印局

例如，乾造：
	年	月	日	时
	乙	丁	甲	丙
	未	亥	午	子

此造木火有势，日时子午冲，为伤官星制印。四柱无官，印主权力，所以此造是个官员，中年行南方火运，能制印星，升任市长。

B. 印星制伤食局

例一，坤造：
	年	月	日	时
	己	戊	壬	癸
	酉	辰	申	卯

此造金与湿土成势，意在制卯木，卯申合制，是印星制伤官的组合。伤官卯木这里当财看，所以是个发财的命，有几百万家业。

例二，乾造：
	年	月	日	时
	庚	乙	癸	庚
	辰	酉	卯	申

此造满盘是金，再看卯申合，是金制卯木，印制食神。四柱无财，卯是食神，是财的原神，可当钱的源头看。庚申是印，主权力之意，所以应是金融方面的官员，实际是中央银行行长。此造金纯粹，制得又干净，所以是大官。

五、财星与印星的配置（财来制印局或印星制财局）

A. 财星制印局

例一，乾造：
	年	月	日	时
	乙	壬	甲	甲
	未	午	子	戌

未为财星，也是比劫羊刃库，子未穿，制了子水印星，制印得权，是当官的命。甲生午月是无根之木，死木可以制去子水，羊刃库制印是掌兵权的。实际此命是个大校级军官。

例二，乾造：
年	月	日	时
戊	壬	乙	己
辰	戌	未	卯

辰为印库，戌为财星带伤官食神库。辰戌冲，戊克壬，制去印星，制印得权。墓库做功功量很大，加上戌土财星被卯控制，卯木禄星被未墓之，近四层功量。故是个掌大权的命。行戊辰运官职连升，至己巳运升任总理。

例三，乾造：
年	月	日	时
戊	己	辛	辛
戌	未	卯	卯

此造是财克印为功，只是正偏印混局相刑，局不纯粹，所以官职不大。早年当兵，行壬戌运入政府作秘书，后提升至某厅当处长。

B. 印星制财局

例如，坤造：
年	月	日	时
壬	丙	己	辛
子	午	巳	未

此造是火土之势，去壬子水财星，印旺去财，功很大，是为富命。做海外贸易，发财千万。

印制财局比较少见，此例午火印星正巧逢禄神，可以比劫制财来论。

制用结构中，理论上什么都可以制，财官可以制，伤食可以制，印可以制，比肩劫财都可以制。但要注意条件：其一，有些主位得位的星如果要制，可能会伤及六亲；其二，连日主根的不能制，制了就坏了，这个人就死了。如：

```
           年  月  日  时
例一，坤造： 壬  辛  丁  辛
           子  亥  巳  亥
```

原局水得势，制去了巳火，但这个巳火绝对不能去，丁巳通根，制了人就短寿。1996年丙子得了白血病，1997年丁丑夏天死亡。

```
           年  月  日  时
例二，乾造： 丁  庚  辛  己
           巳  戌  丑  亥
```

辛丑日主，被月令戌土刑坏，有丁巳入戌，戌中含旺火，故此刑必伤及命主身体。果于丁卯年，被炸药炸伤左手。辛丑为日主连根之体，不可坏。

```
           年  月  日  时
例三，乾造： 壬  戊  辛  戊
           寅  申  巳  戌
```

此造为火与燥土成势，制申金劫财，然申金透戊与辛相生，通过戊的关联，使日主辛与申连为一体，我们将这种情况称之为连体。连体之字不可制服，制之不好，会伤及性命。结果行辛亥运的壬申年，申金到位被局中官星火正克，被高压电击死。

另外象日主是丁巳、丙午、丁未都不能制；还有乙亥、乙卯、甲寅、甲辰、乙未、庚申、辛酉、辛丑之类的日主是连根木与连根金，一制就容易伤身体及寿命。

制用结构中还要注意的是看是否制得干净。我们以上举的例子都是制得比较干净的，格局较大。生活中还有许多人也是制用结构，但制得不干净，效率低，层次就低一些。

```
           年  月  日  时
例一，坤造： 戊  辛  丁  癸
           申  酉  未  卯
```

此造主位是体，宾位是财，去财结构，原局制得不好，没有什么效率，好在四柱杀星虚透，杀当财看。行戌午运，中富家庭。

例二，乾造：
年　月　日　时
丁　辛　丙　戊
酉　亥　戌　子

此造也是主位是体，宾位是财官，八字体不能被制，一定是制财官的意思，但局中金水有势，去之不得，所以一生不富。

第四节　制法明析

制用结构中看效率高低是辨别四柱富贵等级的重要依据。效率的概念我们在前边章节中已有论述，本节着重详细分析制局中的各种制法。

在制用结构中，能量使用效率比较高的有以下几种：

一、合制

指地支六合、暗合、半合局的制法。

巳申合的效率最高，既可以金水有势，申制巳，也可以木火有势巳制申，都是将原神用神全能制死。

卯戌合是卯木制戌土；卯申合是申金制卯木；午亥合，火有势可以制亥，金水有势可以制午。这三者的效率次于巳申合，但也是很高的。巳酉半合，当局中木火旺时，可以制去酉金，效率也很高。

子丑合是丑土绊住子水，固定子水；寅丑合是寅木将丑土制住。此二者的效率略差一些。

寅亥合是亥中水制寅中的火；辰酉合是酉金制辰中乙木；午戌合，午中火制戌中金。此三者效率则较低；卯未与亥未半合局，如制未土，其效率相对要低。

午未合，是两字相生，不制。

有关合制的例子，我们前边已列举过许多，不再重复，下边举一些前边没有过的例子，以便大家学习。

例一，乾造：

年	月	日	时
戊	甲	辛	癸
申	寅	卯	巳

此造从大势来讲，是木火有势，即月令甲寅、坐支卯及时上巳火构成木火之党，共同来去制年支申金及申中之水。这种做功方式有何意义呢，需要分拆开来看：首先这个申金劫财在原局是冲制寅木的意思，对寅木有控制的作用，又带戊土印星（戊印可以代表官），表示一个管理财的权力机构；而日支之卯木所生巳火合申，申被巳制，意思是由我来控制那个管理财的权力机构，表示他本人掌握更大的权力。事实上，命主曾任国家财政部长。

例二，乾造：

年	月	日	时
丙	辛	戊	丁
午	丑	寅	巳

此造木火有势，意在制湿土丑与丑中之金，寅丑暗合，七杀做功，故是个当官的命。行乙巳运，升县长。

例三，坤造：

年	月	日	时
壬	癸	壬	辛
子	丑	寅	亥

此造有水与湿土之势，局中唯一的火在坐支的寅中，亥与寅合，意在去火。但因这种合效率较低，所以，此造虽然是比劫制财的局，但所发财并不大，工薪阶层。

例四，坤造：

年	月	日	时
甲	辛	乙	己
寅	未	亥	卯

此造水木有势，亥卯未三合局，制未土财星。但这种制法效率并不高，所以此造没有太多钱，小康生活而已。

二、冲制、刑制

指地支六冲与未戌刑、丑戌刑。

以丑未、辰戌冲库与丑戌刑库效率最高。金水与湿土成势，丑可坏未与戌库，辰可坏戌库；木火与燥土成势，则未可以坏丑库，戌可以坏辰库与丑库。其他冲的效率都赶不上库冲，一定要有一种强有力的势才行。

寅申、巳亥冲的效率也很高；子午、卯酉冲的效率略低于前者，其做功的条件是一方之党一定要大于另一方之党，否则这些冲都不能做功。

例一，乾造：
年	月	日	时
戊	辛	丙	庚
申	酉	申	寅

此造局中金成势，申寅冲，申金财星带杀，制寅木印星，制印得权。效率很高，故能掌重权，是元朝帖木儿丞相。

例二，乾造：
年	月	日	时
丁	癸	丙	壬
未	丑	子	辰

此造是水与湿土得势，日干不在势中，日支与月柱、时柱构成水与湿土党，丑未冲，财库制比劫及印库，用来制体，反向做功，功量很大。行酉运，亿万巨富。

例三，乾造：
年	月	日	时
丁	癸	丙	甲
巳	丑	戌	午

此造火与燥土成势，戌为火党，意在刑制月令丑土，丑为财库加官杀，做功能量很大。行庚戌之戌运，搞煤矿发财十几亿。

例四，乾造：
年	月	日	时
壬	庚	辛	乙
子	戌	丑	未

此造有金水与木火两党，相较而言，金水之党偏重，坐支丑土通过刑戌

与冲未做功，效率很高。丑刑戌，制戌中之杀，丑冲未开未中财库。行丑运丑到制戌，发财数百万。

三、克制

克制就是如戌克亥、子，午克申、酉之类，克制的效率是比较低的，一般而言，要通过克制来做的功只是普通人而已，不会有大的成就。

克制中效率最高的方式是围克，即包围制之，这样被制之神无处可遁，制得会非常干净，做功也最大。围制中天干起得作用非常之大。

例一，乾造：

年	月	日	时
辛	丁	癸	戊
丑	酉	酉	午

此造金与湿土有势，但日时戊癸合，日主合用时柱的官星与财星，所以此造是用财制印的格局。午克酉克制，功小，行南方火运，开出租车，糊口养家。

例二，坤造：

年	月	日	时
丙	辛	丙	庚
午	卯	戌	子

此造主位的戌土克时支之子水，虽然有火与燥土之势，但这种克的功并不大。运行北方水地，家境富裕，生活安康。

例三，乾造：

年	月	日	时
己	辛	丙	丁
巳	未	午	酉

大运：

庚	己	戊	丁	丙	乙	甲	癸
午	巳	辰	卯	寅	丑	子	亥

此造火与燥土成势，比劫制财局。午贴酉是克制，还有天干丁制酉，这个四柱等于是半围制，所以较之上造会更富。惜中年运行火木大运，"贼神"多"捕神"少又行"捕神"运，所以未能发财。直至丑运已五旬，开始立业发财，至癸亥运寿至九旬。

　　　　　　　年　月　日　时
例四，乾造：壬　甲　庚　戊
　　　　　　　寅　辰　寅　寅

此造甲与寅木成党，围克辰土，财星制印的格局，是当官的命。但此造辰之土性较弱，制之能量不算大，所以官职不大。因他是管财的官，行申运冲财，开始发财。

　　　　　　　年　月　日　时
例五，乾造：丁　丁　丙　甲
　　　　　　　未　未　申　午

此造形成火与燥土之势，意在制申金七杀，然局中无寅冲申，也无巳合制申，只是午来克申，相克之功量就相对小很多。然命局之火对申金形成围制，故官级能至处级。现在是执法部门的处级官员，因命中带羊刃做功之故。

四、穿制

六穿中，只有酉戌穿、卯辰穿、子未穿、丑午穿可以相制，申亥穿、寅巳穿相生不能制。丑午之间也是相生，但因丑能晦午火，所以也有相克的意思。相穿又相克的效率最高，要想穿制做功，一方必须有很强大的力量制另一方。

　　　　　　　年　月　日　时
例一，乾造：戊　甲　丁　甲
　　　　　　　戌　寅　卯　辰

此造主位之卯穿时支之辰，卯与局中寅、甲、戌结成一党，占有绝对优势，辰被穿制。辰为杀库，意思是官僚集团，此库被戌冲开，再被卯穿制，所以他能统领群僚，任朝中宰相。

　　　　　　　年　月　日　时
例二，乾造：丁　壬　癸　丙
　　　　　　　卯　寅　卯　辰

此造是坐支之卯穿时支之辰，木得强势，辰为官杀，虽墓不开，但穿制之功力强大。记载此命早登科甲，置身翰院，仕至封疆。（例录自《滴天髓》）

例三，乾造：

年	月	日	时
癸	丙	甲	戊
卯	辰	辰	辰

卯辰穿，辰党多反穿制卯木，这样的做功显然不如卯穿辰力度大。此造做功在于坐支财星穿刃，辰为印库，表示权力，辰做功则表示有权。任某集团公司董张。

例四，乾造：

年	月	日	时
戊	辛	丙	丁
戌	酉	申	酉

此造地支是金水之党，主位申金是杀的长生之地，酉旺穿去戌，杀与杀的原神去制劫财库，所以是个官员。大运行亥子丑北方水地，升县长。

例五，乾造：

年	月	日	时
庚	戊	甲	丙
寅	子	寅	寅

此造是木有势，印星子水被泄。天干戊合制子，财星制印之局。印主权，所以可以当官。运行甲午、乙未运，冲制、穿制子水，仕至尚书。此为原局制印，行大运穿制而做功。（例录自《滴天髓》）

第七章 关于盲派命理之答疑

1. 目前看命的方法有传统派，有新派，盲派命理比较前两者有什么特点？老师如何看待前两种看命方法？

答：我本人是从学习传统命理过来的，现在回过头来思考，传统看命方法上有许多东西比较粗浅，在整体思路上还是以日主衰旺为主，这一点已在前文中讲过。但传统命理在某些时候也能断准命，否则它早已消亡了。台湾有一些命理学家，他们应用的虽然也是传统方法，但在断具体事时，还是采用了干支取象的原则，所以也很有借鉴作用。像命理典籍《渊海子平》中，许多论命原则就是抛开日主衰旺看的，如果这种断命方式也算是传统命理方法的话，则大可不必将传统命理与盲派命理完全对立起来，两者之间完全有可能很好的融合。

至于新派命理所谓的"新"，我看也没有逃出传统的东西，还是以日主衰旺去论命，只是将衰旺理论发展到一个极致。我本人没有很仔细研究过新派，大家可以实践一下，就知道可操作性与准确性如何了。

盲派命理最大的特点，是有一个整体把握命理的思路，在这个思路之下。又将干支、宫位、十神象法推向一个极致。命理的本质在于表述人生，那人生诸现象都是要用十天干与十二地支来表达的，这样就可以断到很精细、很准确。所以研究与学习盲派命理是一个没有止境的过程，有足够的深度与广度。本书只是一本推介性的盲派入门之书。大家要想深入，可以跟我一起研究，我只是给大家打开这扇门，以后要学习的东西还有许多。我本人也在学习与研究阶段，远没有达到顶峰。

2. "用神"是传统命理学的一个重要概念，找到四柱所用之神，才可以看四柱。盲派命理却说要废除这个概念，取而代之是"功神"概念，请问老师，功神是不是就是用神？如果不是，那什么才是功神呢？还有盲派命理是否论格局呢？

答："功神"概念的提出，是盲派命理理法革新后，必然出现的一个概念。盲派并不是故意去废弃"用神"这个概念，而是因为这个概念不足以表达我们对命理的认识与理解。除此之外，盲派命理还有两个重要概念——"宾主"与"体用"。我们都知道，人与人之所以能够交流，是因为人们有共同的概念基础，当概念体系发生歧变之后，首先的问题是解释概念，而不是交流。所以，学习完本派之后，会有一个问题，便是无法与别的派别进行交流与沟通。面对别人问出某某四柱的用神是什么时，我们无言以对。

还是要回到命理的本质上探讨。我认为，四柱中"用神"这个概念其实本没有，而是人为创立的。因为"用神"是为了解决日主旺衰不平衡的偏差，日主自己需要这种帮助吗？当然不需要。我们要关心的是，一个人活在世上能做什么事？他可以做到什么程度？他的一切行为活动统统可以用一个词概括，就是"做功"，说白一点就是做事的意思。

考察一个人能否做事情，首先看他有无做事的本事，还有就是目标是否明确，用命理的概念就是"体"与"用"的关系。当然，"宾主"的概念就更有必要了，它要你在分析四柱时，区分自己与别人。当我们为事业奋斗时，当我们辛苦一天时，我们为的是什么，不就是自己的家么？所以"宾主"与"体用"的概念没有脱离实际的人生，完全是我们现实生活的概念。也就是说，只有在清晰了这些概念之后，我们才可能解读四柱对人生的表述。

如果我们用盲派命理的思想去理解四柱的话，"格局"这个概念的内涵也就有所不同了。为了方便，盲派也有一些格局的定义，比如内食神格、伤官去官格等，但很显然，这些格局赋予了新的内涵。

3. 盲派命理提出的"宾主"、"体用"、"做功"等思想，作为看命的基本出发点与要点，确实是一次伟大的革新，我们想知道的是，这些思想是郝金阳先师生前传给您的，还是您自己发明的？如果是您自己发明的，那在承传上与郝先师有什么关系呢？

答：我跟郝先师的时间并不太长，加之郝先师有严格的行规，所以无法窥悉郝先师断命思想的全部，这一点是比较遗憾的。但盲派的所有核心思想都是从郝先师那里来的，只是我用了一些比较正规化的概念来概括这些思想。比如说"宾主"这个概念，他的原话是要我分清四柱中什么是自己的，什么是别人的，我明白了他的意思，"宾主"的概念就被引入四柱中来了。所以说，在承传上是毫无疑义的。

至于盲派命理的其他概念，则多数来自于郝先师断命事例的启示。郝先师教导我不看日主衰旺，不取用神，说我们以前学习的那些方法讲课可以，实际断命不行。我就思考四柱要怎样看，命理要怎么理解，整个的体系就是这样思考出来的。

命理的道理就同我们生活的道理一样，命理学的一切思路、概念，一定都是生活的模拟。如果不具备这种相似性，是不可能从命中看出人生来的。所以只要你想一想你的人生，想一想富贵的人与普通的人的不同，就能理解"做功"这样一个概念了。所以说，学习盲派命理也很简单，就是将四柱的象与生活的实际一一找到对应，如果那样的话，谁都会成为高手。

比如，一个有成就的人，一般都有一个团队在支持他。团队怎么体现？就是四柱中的党与势，没听说靠一个人完成一项大事业的情况。有了党或势之后，就要有一个共同奋斗的目标，不能找一帮子人闲着吧，这些人一定有事情做，做事怎么体现？就是要有克制的对象，也就是我们盲派命理讲的做功了。做功的力度越大，成就越大。这样思考，你不觉得命理十分简单吗？

再比如，生活中你要有家，有房子住。房子怎么看？当然是坐支了，坐支是你生活的地方。那个家里如果出现一个女主人，她一定是你妻子了；如果这个家与妻星穿了，那妻子一定进不来，或进来也长不了。有的人要迁移，那就看这个家是不是被冲、合了或伏吟了……

只要你留意，生活中所有的东西命理中一定会有。只要将它们一一对应起来，就是理解到命理的本质了。

4. 盲派命理创建"做功"概念确实道出了命理的本质，我们想知道"做功"理论可否解释所有的四柱？

答：做功理论可以解释大部分四柱，但不是全部，还有部分四柱并无做功，但同样有很大的富贵，这需要借助象法与技法来阐释，因本书中并未涉及，有机会我会写专门的书来探讨。为了让大家有所了解，我举两例来说明。

例一，乾造：
年	月	日	时
庚	己	甲	己
子	卯	辰	巳

若以做功看，甲与己合是日主合财，日主坐强财星又旺，是个有财的命。然此造的主要特点并不是财，而是他本人是个官员。命局杀星虚透，并无做功，如何理解他是个官员呢？需要应用带象原理。

庚子年柱之象谓印带杀帽，其印星子水这里表示权力，子通于辰墓，说明辰是权力之库，甲坐在辰地，所以他拥有权力。局中卯、巳两字反是影响其权力之废神。故其官职不大，长久担任副县长之职。

例二，乾造：
年	月	日	时
丁	戊	戊	戊
酉	申	申	午

此为张之洞命造，贵至极品。然论四柱之功，虽是午火制金之局，却金重难制，效率又不高，如何理解其贵？类似这一类四柱，都归于"伤官诀"来阐释。此造土金伤官成局，又非常纯粹，配印午火，故得重权。

例三，乾造：
年	月	日	时
壬	壬	癸	甲
午	寅	卯	寅

此造也看不出任何做功，然有水木伤官成局，局象也纯，并非发财之

119

命，而是一位高官。曾任检察院检察长之职，官至厅级，现已退休。

5. 看了您的一些作品之后，觉得有些不可思议。命理真有那么准确吗？如果能那样准，是不是同年同月同日生的命就完全一样了呢？

答：盲师的断例是真实可信的，并没有一点虚构的成分在里边。夏仲奇先生我虽然没有见过，但我的老师郝金阳先生的断命神奇我是见识过的。盲师断命最精彩之处在于他们能金口铁断，且能如剥茧抽丝般细腻。这得益于他们理法的精湛以及对"象"的深度把握。现在看来，除少部分盲师断例无法得解之外，大部分都可以得到完全的解释。所以命理的准确性是无可置疑的。

同年同月同日生的命，他们的命运是否能完全一样？我研究命理学，当然要正视这个问题，这关乎命理的真实性与可信性，我们不妨通过实际的例子来考证这个问题。

我收集了许多四同生的命例，都是现实中的人，互相未必认识。有的差别不大，有的有些差别；有的前边一样，后边不一样；也有的部分一样，部分不一样。有机会的时候可以给大家一一展示。我仔细分析这些命后的结论是，他们的不同都可以从命理中得到解释，还没有命理解释不清的例外。所以我说，命理存在着双解或多解，就像我们解数学方程一样，结论不是唯一的。

命理学以象为本。象者，像也，相似的意思。命运按照一种相对近似的规律运行，尽管不能达到绝对精确，也让我们为其神验而折服。所以大家不必担心命理本身是否存在或成立这一根本问题，而应担心你是否真正理解易的本质。如同中医学一样，它讲的阴阳、六经、八纲等都有点像玄学，到现在也无法与现代科学交融，但却不影响它能为人治病，且有的可达到奇效。《内经》为什么要讲"藏象"、"阴阳应象"，而不直接说某某器官的实际功能？因为中医的本质也是象。中医以象治病，你相信吗？不是用药物的成分，是"象"啊！这样一来，所谓的药就是模拟"象"的一种东西。所以，传统中医与易是完全相通的。

第七章 关于盲派命理之答疑

学习盲派命理，首先要树立对命理学的信心。我给大家讲一个郝先生过去断命的故事，你就明白命理的推断真是无所不能的。这个故事是我的师兄阎计旺讲的。

七十年代，郝先生行走江湖，预测糊口。我们县的东冶是个大镇，他白天预测晚上就在镇里一家车马店住宿，那时住店收费一天两毛钱，他一住就是个把月。人家带车马的连马带人住一宿能收到一元钱，他总占着房位，店主觉得不合算，想赶他走又没有合适的理由，于是就给郝先生出了个难题。

店主说："听说先生你预测测得很好，你今天给我预测个事，测准了，以后你来白住我的店，我一分钱不要，要是测不准，你花钱住我也不让你住了。"

郝先生说："我就是干这个的，你有什么事就说吧，测不准我走人。"郝先生以为他要预测他自己的命，那是难不倒他的。

店主说："你就测一测我今天中午饭吃什么？"

这明显是难为人，你吃什么，怎么能预测出来？再说了，我算你吃这样，你偏吃那样，那也没法子准呀。郝先生想，今天我就是有再大的本事，恐怕也测不准你吃什么了。但事到如此，也不能认输。跟店主说：

"我测你中午吃什么可以，家里的饭做什么你吃什么，你不能临时改。"店主说："可以。"

先生让他报出生日时辰（要知道他只会这种方法），算了起来，最后跟店主说："你今天中午饭是，一个羊蹄子就着俩干饼子。"

店主此时哈哈大笑，说："早晨出门时，我老婆跟我说了，今天中午是吃羊肉汤拌油面，虽然有羊蹄子，但我们中午不会做着吃。"

郝先生说，测错就错了，也难免。于是跟他的随从打了铺盖卷，准备吃过中午饭就走了。

事情的变化真是出乎意料，到中午快吃饭的时候，客人的一头骡子脱缰跑了，店主与客人急着去追，也顾不得回家吃饭了，这样一追追了十多里路，再将骡子牵回来，已到半下午了。一回家，店主老婆说：

"中午你没回来，家里来了些客人，将羊肉汤拌油面吃了个光，锅里只剩下一个羊蹄子与两个干饼子,你对付着吃吧。"

店主此时又饿又惊,啃着羊蹄与干饼想不通,"啊,真是我吃什么也能预测到,服了!服了!"从此,郝先生再住这家店,不用花一分钱了。

阎师兄讲了这个故事,我也想不通,怎么可能凭命算到一个人中午吃什么饭?终于有一天有所感悟,我将这一方法跟弟子王开宇说了一下。我问他,你算一下我今天下午酉时发生了什么事?当然王开宇知道我的四柱,那一天的四柱是:

年　月　日　时
甲　乙　丙　丁
申　亥　辰　酉

开宇断:"你下午有一人来找你咨询,算得很准,客人给你五百元钱。"

我说:"对极了。这个时候还来了一个电话,你说这电话会是什么事呢?"

开宇断:"电话是一个朋友打来的,约你戌时吃饭,还请你洗桑拿。"

我说:"差不多,电话是说让我去吃饭并洗脚,不是桑拿。"

到了戌时,朋友带我出去,吃完饭后改变了主意,去桑拿了,真的不是洗脚。

这些都是从干支象中看出的,一点都不神秘,从此可知,郝先生之断,不是虚传。

我觉得,只要你有足够的悟性,加之在实践中不断总结,终有一天,你也可能达到郝、夏两位宗师的水平。

6. 听说盲人断命用的全是口诀,郝金阳先生有没有传老师什么口诀?这些口诀怎么应用?可以透露一些给我们吗?

答:本书的内容是从先师郝金阳先生那里发展来的,但郝先生当时断命用的可不是这些,他们世代相传一些断命口诀,这些都是我们今天已看不到的。由于各人对口诀的理解有差异,所以盲派传人的水平也参差不齐,归到最后,还是对命理本质是否能够理解或准确把握。先师在世时,还是传过我一些口诀的，当时并不理解这些口诀的用法，直到后来才慢慢悟出来。大家可以在我的学习资料中看到这些口诀的应用。因为所传十分有限，还有待于后来者从现在依然在世的盲师那里挖掘更多的口诀，我期待着看到完整的盲人口诀能承传下来，留给后世。

7.《段氏理象学》这本书的内容是否是盲派命理学的全部，我们学习完之后，可以达到什么程度？

答：本书的内容只是盲派命理学的一部分，主要阐述命理之理法，盲派命理的基本概念及做功的看法，象法只有部分的涉及。由于时间紧迫，还有很多内容未能涉及，如：象法的深入、应期、婚姻、六亲、职业判定、疾病、牢狱等都是命学中的重要内容，本书只是一本入门之书，学习之后，可以达到初级入门水平。我们还有面授课程，供学员进一步学习。

8.人们常讲：一命、二运、三风水、四姓名……您研究过这么多的命例，您同意这种说法吗？命运有无可能改变？如果能，在多大程度上能改变？改变风水与姓名有助于改命吗？

答：研究命理的当然说四柱决定命运，研究风水的就可能说风水会改变命运，研究姓名的会提供另一套说法……这就像王婆卖瓜一样，如果我说命运决定人的一切，那研究其他领域的易家会跟我急。事实上我本人也学习研究风水，这些对人的命运都能起到一定限度的改变作用，这是一方面；另一方面，研究其他领域的易家一定要认可，风水等方法对命运的改变是有一定限度的，不是万能的，否则就不合于天道了。古代的王朝一个个都崩溃掉了，难道是没有好的风水师为他们设风水局么？

我还常听人讲《了凡四训》中改变命运的故事，说做好事可以改命。当然，劝人向善是对的，但是，我们在生活中却常常看到，有的人一生做了不少好事，却遭受了种种磨难；相反的，那些做过许多坏事的，却可能生活地非常滋润。所以我认为，了凡的故事仅仅是一个故事而已，为什么他说了那么多的改变，却偏偏没有提供他本人的准确生日时辰呢？也好让我们研究命理的人做一下评定，以确认他所讲的是事实而不是虚构。

我无意否定人的命运在一定程度上的可改性，我赞成一种积极的人生观，更相信，通过自己的修为，去改变自己的恶运。一个人的恶果，多数起于贪欲，如果人能学会适当放弃，懂得收敛欲望，做到洁身自律，那么那些凶的报应自然会减轻许多。我相信，这才是真正可以改变命运的地方。即使不能让你拥有富贵，却可以避免许多灾祸。儒家所倡导的"修身"就是这个意思，我非常认可。

在我曾经测算过的人中，还从未见过一个行差运的人，通过改好的风水局而出现逆转的情况。但是，一个行差运的人，可以让他不要投资而减少损失；一个行好运的人，可以通过对他投资方向的指导而获利更多；一个病人，可以通过医生的治疗而得到康复。如果这些算是改变命运的话，我们能做到的就只有这些了。

9. 传统命理与新派命理都讲从格，即当日主极弱或极强时，日主会从弱或从强。盲派命理是否讲从格？如果不讲，那这一类四柱应怎么看？

答：从格理论还是以日主衰旺作为命理的根本而提出的，盲派不以日主衰旺看四柱，当然就没有从格一说。如遇到日主过旺或过弱的四柱时，看的还是做功；有的四柱没有功，要从象上去分析，也能看出富贵来。如果是既没有象也没有功的四柱，不管从的多么好，都不会有大的富贵。盲派对命理的理解不是更复杂，而是更简单。因为从格理论有很多问题，比如判定何种情况从，何种情况不从，是非常困难的事；而且还会出现从格是否因大运变化反正的问题等。现在新派从格理论的繁杂使得实际应用更难以操作与把握。如果一种理论要用很多的修正去解释实际，那这种理论一定不是真理。相反，盲派命理对命理解读思路的全然不同，命理不再有从与不从的区别了。

第八章 实例解析

第一节 弟子言明女士批断命例节选

一、一个生意人的苦恼

2004年夏天，我慕名参加了段建业老师的命理学习班，蒙老师厚爱，荣幸地成为弟子，得到老师的教导和真传，至今才真正感受到盲派命理的高深和奥妙。转眼间我学习盲派命理已经4年有余，2005年9月之后，我一直负责在网络上教学与预测业务，积累了很多预测实例，反馈的准确率还比较高。现择部分我的实测命例，为读者了解与学习盲派命理，打开一扇窗。

2007年8月我刚来到广州不久，一位求测者打电话找我预测，四柱是：

乾造：年 月 日 时
　　　壬 戊 丁 己
　　　子 申 亥 酉

大运：05己　15庚　25辛　35壬　45癸
　　　　酉　　戌　　亥　　子　　丑

他是北方人，当时出生时辰自己不是很确定，为了校对时辰，我先对酉时断了几件过去的事情。我断：

1. 此人读书不多，应该学历不高。

2. 婚姻没有问题，应该在辛运成婚。

3. 酉时生人头胎应该生女孩。

4. 更重要的是我断他是个做生意的，从事的行业应该是土杂、家庭用具和金属类有关的。

我当时断完这几件事情，就问他，你的实际情况是这样吗？他回答说："你说的基本是对的，我学历不高，初中毕业，我是在 1998 年结婚的，我头胎是女孩儿，我做的行业不是土杂，是做佛具用品及玉器生意的。"

我听他反馈完情况就笑了，对于断职业方面的判断，盲派的理论主要是取象法，也就是从干支、宫位、十神诸象综合判断一个人的职业特点和行业性质。此造我看到月柱和时柱都是土金的象，而且是食伤生财的结构，日主所生的食神、伤官一定有用。

四柱食伤生财，财生到主位和宾位的官，然后合身，此结构一定是做生意的，因为贴身的食伤生财，财又生主位的官合身，不会从事其他行业。

判断他所从事的行业，我看的是月令与时柱的戊申、己酉，伤官、食神代表自己的想法、目标与追求，申金可以表示金属，酉金则可以是玉器。我断他是做土杂生意，看到的也是戊申、己酉，虽然和佛具不是一样的生意，但生意的五行类别一定是符合四柱特点的。

我向他解释了我对他行业的理解，他很高兴地说："这样说来，那大体都是一样的，预测不能完全符合，你断这个也是对的。"所以从几件事情能确定是酉时出生。

随后，我又给他断："从你的四柱组合来看，你应该做过两种生意，不是一种。你这个生意，应该是做饮食方面的。"因为食神能生财，食神在门户，而且酉金见了亥水，我当时就想起段老师曾经教过我们，酉金可以类象为酒，特别是见了水，更有酒的意思。没有想到，这句话让他很服气。他说："言老师，不愧你的学生说你水平高，你说得太对了，我虽然不开餐馆，但是我确实还做了与餐饮有关的生意，是做南方麻辣烫调料的。"

听他说完，我才恍然大悟，原来四柱是可以取到此象的！麻辣调料，那就是酉金的象，酉在干为辛，辛为辛辣食物，见水，所以为调料。我又断他应该是自己加工,自己销售,而且生意应该在亥运上开始做的,结果完全正确。

断完这些事情,他又问我"你看我2006年怎么样?"我分析四柱原局是丁壬合官,官当财看,这个象组合很好,但走壬运,遇到丙戌年,壬丙冲坏了丁壬合,而且是劫才来冲壬,坏了官合身的象了,我就和他说:"我看你2006年要因为别人惹是非而破财,而且麻烦不断。"他又问我说:"言老师,你看我此年能否有官司?"我看一下四柱,丙坐戌土很旺,劫才冲了壬水官星,这毫无疑问的是要因为别人惹官非的意思。我就回答说:"我看你是要惹官司了,恐怕破财不少吧。"他马上就回答说:"言老师,你这个说得太对了,我去年因为厂子里有个小工,去给别人送货,结果在路上给人家老头撞坏了,为此医药费就赔了好几万,然后那老人还不算完,最后把小工告到法院。因为小工没有钱赔偿,做为老板就要负连带责任,搞得我2006年生意是没有办法做,破财十来万。"我当时一听,真是命啊!这是个典型的流年反局的象。我看他2007年还得继续打这个官司。

他问我官司何时能了结?他现在已经拖不起了,钱花了一大笔,可是现在还不能结案。我仔细看了四柱和大运,2006年要到大寒才转运,2007年丁亥年等于丁壬合的应期出现,我就告诉他,放心吧,今年这个官司肯定能结案,但你还要花一些钱。我还告诉他应该在立冬后这个案子就结束了。后来我从新加坡讲学回来后,他电话告诉我,说就是11月份也就是立冬后官司终于结束了。

有一例和此命类同的四柱:

	年	月	日	时
乾造:	癸	辛	戊	癸
	丑	酉	辰	丑

7岁运,此人在戊午运的时候就做过好多种生意,其中就包括了佛具用品、佛像、玉器、旅游工艺品等生意。与上造不同的是,此人还做过建筑工作,而且是在建筑队里做过泥瓦工,只是做的时间不长。

此造四柱日主合财,财旺而入墓,又比劫一片,所以此人会做体力工作。四柱里辛酉金为伤官则也表示技术,也表示秀气,如玉器、工艺品等。因为金见了水,就有灵秀之气。如以金见辰丑土取象,因辰丑为湿土,土中含有水和金,又和金属墓在一起,就像是水泥、钢筋和砖瓦,所以表示他做泥瓦工也很符合。只不过在午运做不长久,那是因为丑午穿了印星,印则表示工作,穿表示干不长久,且总换行业。

二、原来是会计

```
         年  月  日  时
   坤造: 壬  甲  甲  庚
         子  辰  申  午

大运: 06癸  16壬  26辛  36庚  46己
       卯    寅    丑    子    亥
```

记得此人是在 2007 年底电话前来找我预测的。

当时我对她的过去先是验证一下,断了几件事情:

1. 你是国家单位工作的,应该是个有官职的人。
2. 1999 年和 2000 年调动过工作,而且动得很好。
3. 你应该是在 25、26 岁结婚。
4. 命中应该生女孩。

她听完我断的几件事很高兴,回答我说:"言老师,你断得真准啊!我确实在国家政府单位工作,而且目前是科级干部。"首先确定了职业,我又说 1999 年或 2000 年工作调动了,应该是提升了。她告诉我说:"是的,这年我提升到副科。"我又说:"结婚对吧?"她嘿嘿的笑着说:"言老师你算得真准,我 1996 年谈的对象,1997 年结婚。1998 年生的女儿。"

校对了这几件事后,我开始断她性格。我对她说:"你本人做事能力很强,性格很像男人,而且喜欢说了算。不管在家还是在单位,你脾气比较大,爱发火。更重要的是,在家里你管老公,老公要听你的话,否则就会吵架。"她听完后就一个劲的说："是的，是的，很对。"她又问我："言老师，你看我婚姻如何？"我回答她："你婚姻很好，不会有问题，老公也应该是个当官的。"她听完告诉我说："这个说得很对，我老公是银行的官。"

接着我又分析了一下，我跟她说："我看你目前有感情方面的事情困扰，你来找我预测为这事吧？"她嘻嘻地笑着说："言老师，你还真厉害，这你也能看出来。"我回答她说："你命犯桃花，但不会离婚的，你不可能因为桃花而抛弃家庭。"她回答我说："这个不会的。"她又问我，你看这个桃花对我如何？我回答她说："这个桃花我看像你的领导，对你工作还很有帮助，相处还可以，我看你们俩能处上5年，以后就分手了。"

我断完这些事情后，她很高兴，也很开心，对于自己的工作也很满意。最后我们在电话里又聊了几句，她用试探的口气问我，"老师，你能不能看出我是做哪方面工作的？"

她看到我预测已经很准确了，但还是希望我能再具体地断断她的工作。因为之前已经断她在政府部门工作，现在要更细化，就要断具体做什么事务了。

我又仔细地分析了她的四柱，因为申子辰三合水局，水是印星在年上，但时上却落了午火伤官，年和时有冲的象，午火则表示门户的手、头脑、思想方面，两者一冲就是做功。段老师曾经说过，亥子水则表示数学、有数、计算、统计之类的象，所以就取了这个象，跟她说道："我看你应该不是做会计就是统计方面的工作。"她听后，哈哈笑道："言老师，你算是说对了，我原来是做会计的，后来做审计了。"

这个四柱的核心点就是取了子水的象，和午火相冲，因为计算就是与数字打交道，所以她的思想就是对准了子水。段师研究的象法真是其妙无穷，断职业取象太重要了。从象上取职业特点，这点是非常关键的。

三、一个不能控股的股东

记得是2008年有一天，一个南方小伙子来电话咨询，说要找我面测，约好了时间。这天下午我们在广州见了面，初见小伙子长得帅气又潇洒，外

表一看就是个白领阶层。聊了几句后我排出了他的四柱：

　　　　　　年　月　日　时
　　乾造：癸　乙　戊　癸
　　　　　　亥　丑　辰　丑

大运：10 甲　20 癸　30 壬
　　　　 子　　 亥　　 戌

我分析了一下他的命局，我说："为了验证一下你过去的事情，也看四柱时间是否正确，我先断几件事情，你反馈一下。"他笑着说："言老师，没有问题，你说吧。"我开始给他断：

1. 你学历不高。应该在 20 岁前就结束学业了。

2. 看命象应该是做贸易或是业务，应该与金属器材有关，属于流动型的。

3. 我看流年应该在 2002、2003 年就参加工作了。

4. 在单位应该当个主管或经理职位，属于中层管理人员。

我断完几件事情后，看着他说："你反馈一下实际情况吧。"他眼睛就一直看着我说："这是真的吗？"我说："是啊，问你呢？我说的情况是否正确啊？"他就说："怎么这么准啊！我之前也找人给我算过的，但没有你说的这么准啊！我确实学历不高，原本中专毕业，我刚好是 2002、2003 年从老家出来参加工作的，我开始是做业务的，后来换了工作就做了高管，而且我做的行业就是手机器材。"

听他反馈完这些情况后，我对照四柱继续断道："我说你应该在 2005 年换工作的，从换工作以后，你的运气就开始比以前好多了，财运也好了很多。我看你 2008 年要投资，应该在公司入有股份吧？"

他听我说完，瞪大眼睛说："言老师你说得太对了，我虽然不是在本公司投资，是因为原来公司我刚辞职了，前几天我和朋友刚刚在深圳新开了一家公司，而且是股份公司，我确实投资了。"

看他高兴的样子，我思考了一下继续说："你投资的公司，是人家股份大，你股份小，我看是人家掌控公司说了算吧，你是小股东。"

听完这句话，他惊得目瞪口呆，看着我说："言老师，这是从四柱上看出来的吗？这是真的吗？真的是这样吗？我就是做不了控股吗？"他一连串的"是真的吗"。我告诉他这是真的啊，怎么可能不是真的呢？听完后，他叹了口气："这真的是我的命啊！我前几天一直为这件事情和朋友在谈判，直到今天我来之前才刚签了协议。最终还是人家控股公司，因为人家投资多。为这件事情我拖了好几天都没有想明白，这下我息心了，命该如此，那我就不争了。"

四柱断到这里，我们就应该明白一个道理，任何事情都是命中注定的，谁也很难改变，他原本一心想控股这个公司，但他就没有这个命，我们从四柱里就完全可以看得出这个信息来。

用盲派的理论，他的四柱日主合了年、时之财，按理是日主合财要看身强身弱，但同时要看所合的财星是否做了功。此造所有的财包括丑土食伤库都入主位的辰墓了，此四柱为墓用做功方式，所以不需要看日主强弱也可以得财。

他20岁就走财运，肯定读书不会多，所以学业就结束了，走财运一定是参加工作挣钱的信息。他2005乙酉年换工作这是个应期的看法，听过段老师课的同学都知道，乙木是代表辰土，乙坐着酉金合动辰土，肯定是动工作的意思，而且乙木是官星虚透的象，合到主位，意思就表明他有了管理职位。但2008年我没有想到他辞职，走亥运戊子合财这是要投资的意思，因为原局财都入墓，流年戊子年的象是自己坐着财来的，所以他是不打工了，跑出来合伙投资自己干了。大运流年是引出库中的财合上身，所以是要投资的意思。

为何他不能成为公司的控股人？因为四柱组合显示出的象很清楚地告诉我们，宾位的财重，因为癸坐在亥上；主位的财轻，癸坐在丑土上了，又是半个禄，一定是别人的投资多，而他少，所以他就一定是小股东。一个宾主理论，一个轻重，就能告诉我们，他不是控股人。命理之理一定是符合人生之理，这样才可以断得准确细致。

四、天不随人心愿——婚姻

自古天下英雄配美人，靓女找俊男，可是却有很多两情相悦的人做不成夫妻，更有三角恋爱的人深陷痛苦无法自拔，恩爱的却不能成婚，没有爱情的却成了一家人，人世间总是有那让你感到离奇而又无法面对的事情发生。

2007年我同段老师应邀到国外讲学，在回国的前一天，有位女士同几个朋友前来找我们。她个子中等，皮肤有点黑，大大的眼睛，穿着普通，看上去很年轻。她见到我们很有礼貌地说，希望我们能帮忙预测一下命运。四柱是：

	年	月	日	时
坤造：	甲	丁	辛	丁
	辰	卯	未	酉

大运：06 丙　16 乙　26 甲　36 癸　46 壬
　　　　寅　　丑　　子　　亥　　戌

我排好了四柱以后，拿给段老师看，老师稍作思考，就开始断到：

"看你的命，脾气不好，爱发火，一生是为人付出多，基本没有回报，你为别人做了事，别人还不念你的好，而且自己也很郁闷，总是得不到别人的理解。"

她听完段师的话，连连点头道："是的，难道我真的就是这样的命吗？"这时我在旁边回答她说："你的四柱就是这样的组合，所以你会有这样的事。以后做事你要想开些，不要计较太多，做了也不要后悔。"此时我们看到她的表情有些暗淡，听到这个结果很失望。

接着她又问道："那看看我的事业和财运吧。"此时我说："看你的命，是个女强人，很能干，你的财运也很好，应该是自己做生意的吧？"这时段老师又断她道："你的命是个做老板的命，你做的生意应该是与木材有关。"

她听了后瞪大眼睛说："老师，你没有搞错啊，难道我一个女人，不能在家里好好的呆着,靠老公养活,我干嘛去做生意,还倒木材啊?"段老师笑着说:"那没有办法,这就是你的命,我怎么看你也是个做木材生意的,你的命就没有办法靠男人养活。"

她心情很激动,内心真是不甘心,自己付出那么多,却得不到回报,自己很向往做一个相夫教子的传统家庭主妇,却做不到。后来她告诉我们自己确实是做木材生意的。

"那看看我的婚姻吧。"她说道。段老师回答:"我看你的婚姻不好,想离又离不了,你一生都为感情的事而苦恼,你想得到的东西一样都得不到,反而被男人牵制,你对男人付出再多,但最后男人也不会说你好。你为情所困,一生无法得到男人的真情。"

她听完段老师所说的话,泪水一下涌了出来。她拿出手帕擦拭着。过了一会,稳定了一下情绪,才说:"这是为什么啊?难道我的付出就换不来一个对我真心的男人吗?"

她四柱里以官杀看男人,可出现七杀两头挂,财生杀为忌,一生都是为感情困扰,且得不到幸福的婚姻。此时我对她说:"你不要难过,你目前的婚姻我们看已经名存实亡了,先把自己心情调整好,再面对你的婚姻吧。"她沉默了。

因为当时在场的还有她的朋友,她又不好说什么,后来她把我单独叫到一边,边哭边说:"言老师,你看我不能离婚吗?以后是否能找到一个真心对我好的男人?"我一边安慰着她说:"你四柱组合就这样,我也很想帮你摆脱困境,但是真的很难。你所找的男人都花你的钱,你辛苦挣来的财都被他们败掉。所以你以后就想开点生活,不要再苦恼自己了,46岁以后就会好了,不用辛苦了,你也不要再找其他男人,找不到真心对你好的男人。而且你的婚姻将来可能要离掉。"她问:"真的能离吗?"我说:"要50岁以后吧。"

下面我们来解析一下她的命。

此人脾气不好,是因为七杀旺,时上禄带七杀一般都是脾气不好,爱发火。日主坐下财库不开,又入年上辰库,而年上的甲辰是印上带财又合了时上的禄，所以这个财是自己的。

段老师曾教我们，坐下财库一定要开才有用，如果库不开，则是墓，墓中的东西是无法用的。此造虽然没有丑未冲来开未库，但我们看到有月时卯酉相冲，则表示旁边开库了。我们把卯看作是库中引出来的财，而酉金则代表自己，卯酉相冲则代表丑未冲，所以财库开了，是自己做生意发财之意。

段老师断她做木材生意是取卯木财星的象论她的生意。卯本是阴木，但逢年上辰穿反了，要以阳木看，所以是做木材生意。

此女为何有如此烦恼的婚姻呢？需要从婚姻角度来分析：女命婚姻是以官杀为夫，四柱以月上丁火看夫星，坐下卯木与夫妻宫拱合。因走甲子运是夫宫被穿，子卯又破了财星，女命财主感情，是夫星的原神，食神主自己的想法，所以甲子运结不成婚；到了癸亥运才能结婚，已经很晚婚了。可是我们看到她的四柱里，走天干癸运时，癸水食神生甲木财星，甲又生丁火七杀，七杀为夫紧贴日主克身，像这样的婚姻都是不理想的，因为杀需要制化才为吉，但此女月时干头双杀来克身，这就表明她一生会为情所困，会为男人付出，而且没有一个男人能帮助她，或对她好的。

其实，财生杀为忌的女命，都会有类似的情感遭遇，只不过她是双杀夹克，更严重些。所以她听到我们预测她婚姻只能是这种结果的时候，才会倍感伤心。这真是命中注定的。

谁都期待着有幸福美满的婚姻生活，可能否如意，不在于自己如何表现与努力，而在于命运的安排。

前几天我接待一位女士的电话前来预测，她的四柱是：

```
         年  月  日  时
   坤造：乙  丁  丙  己
         巳  亥  戌  丑
```

```
大运：03 戊   13 己   23 庚   33 辛   43 壬
         子      丑      寅      卯      辰
```

第八章 实例解析

她主要是问婚姻和事业，我安排好了时间，和她通了电话。

我开始断她："你的命我看目前没有正式婚姻，你以前走的都是桃花运，而且你找的每个男人不是结了婚有家的男人，就是离了婚外面还有其他女人。"她一听完，沉默了一会儿，又接着说："那老师你看，我以前处的男朋友应该是什么时候出现的呢？"

她是在有意问我，这都是经常遇到的事情，此时我再结合大运，看她在庚寅运就不会结婚，也不会有恋爱的对象，因为四柱里亥是丈夫，却不喜丁火劫才透干来争夫，因为丁亥自合，所以走庚寅运财星坐绝地，寅亥合了官却穿了禄，所以不可能有恋爱的现象。

再看辛卯大运，丙辛合了财星，财为女人的感情，所以她就开始追求男人了，因为辛坐着卯合了亥官，我就推了一下流年应期，应该在庚辰、辛巳财星出现就谈男朋友了。我就告诉她说："2000年或2001年这两年处男朋友了，而且这个男人也应该是结过婚的。"她就急着说："言老师，你说得太对了，我2000年处的第一个男朋友，他是离婚的，这是怎么回事啊？我也不想找他们，可是我遇到的都是这样的人啊！"

我回答说："这是你的命啊，我也没有办法，我只能看你的命来断你的事情啊，我看你这个男朋友处不成，43岁前就会分手了，你的全部感情却交给这个男人，但最后却伤害了自己。"

她回答道："是啊，过去我真心付出，却没有结果，现在我又处了一个男朋友，言老师，你看我们有结果吗？"

我看她目前正走壬水大运，这是个典型的比劫争夫运，哪里能结婚啊，于是我就回答她说："你现在处的这个男朋友，我看也是离婚的吧，而且我看此人还有其他女人吧？不是和你一个人好吧？你们不会有结果的，他根本不想结婚的。（这里我参看了男人的四柱）我劝你还是尽快和他分手吧，当然主意还是你自己拿。"

她听完就很惊讶地说："哎呀，言老师，看来我真的找对人了，你所断的全部都很准，我以前经常找人预测，可是没有一个能像你算得这样详细，你说的太对了，我的男朋友他现在还有一个女朋友，他们住在一起呢。而且他早就和我说过，他根本就不想再结婚了。"

我听到此，不知道该说什么。此女就想找个男人结婚，可是她找的男人却都是别人的，都是三角关系，更痛心的是，这个男人还不想结婚，和另外一个女人经常住在一起。真是命啊！

"那我还能不能找到可以结婚的男人啊？"她接着又问，我答道："你不要着急，运气还不到呢。你43岁现在走到壬辰大运，要到48岁就可以结婚了。"

她说："那我就只能等到48岁才结婚了？还会离婚吗？会找个什么样的男人？"我一样一样地回答了她的问题，总算最后听到了希望，也希望她到了48岁之后会有个稳定的婚姻。

这两个命，一个有了婚姻却想离婚，一个是没有婚姻想结婚的，两个命运不同的女人，使我想起来一句话，"都是'情'字让人活一生"。记得段老师给我们讲过，人生要追求的无非是财和官，财不但表示钱财，对于男人来说可以代表女人，对于女人来说，则表示感情。此女正行到财星虚透的大运，哪里有婚姻啊！又因为亥水和戌夫宫不发生关系，而且劫才高露坐在官杀上，根本就没有真正属于自己的男人。又因为时上丑土里藏财，被戌刑开，只有桃花，没有婚姻，因为丑戌刑也坏了婚姻宫。

五、不讲医德的医生

```
            年  月  日  时
     乾造：丁  癸  壬  丙
           酉  丑  辰  午
```

大运：03壬 13辛 23庚 33己 43戊 53丁
       子   亥   戌   酉   申   未

前段时间我因制作盲派命理实战光盘而多次去上海，一天上海的朋友拿来此人的四柱让我看。一是问人品如何？二是看目前身体如何？三是看今后运气怎么样？

当时一看这个四柱群阴坏阳的组合，日主合财，财星又虚，像这样的组合一般都是贪财小气之人。如果日主合财，就不喜欢月令见劫财坐丑穿了午火，因为丁禄在午，表示又想赚钱，又要破财，而且还会为钱做违背良心之事。这是因为酉与丑都是阴中之阴，入于坐支辰墓，表示其有阴暗的心理。时见丙午之阳却被穿，阴来坏阳，这样的人人品就不会好。

我说此人是贪财吝啬之人，为人很势利，可以为了钱不择手段。并且告诫朋友这样的人最好不要打交道，保持距离为好。

朋友又问我，看此人身体状况如何？我看四柱寒湿一片，地支阴多坏阳，且丑辰土墓库不开，容易得糖尿病或者血液方面的病，水库不开也表示血液循环不好。而丑午相穿也表示心肾不交，会有心脑血管疾病。反馈说，此人不仅有高血压、心脏病，而且糖尿病已经很严重了，眼底出血严重，只能靠胰岛素来维持生命了。

再看此人职业和运气：四柱日主合财就是求财之象，所以我断此人是做生意的，应该是开店的。这是因为财落门户，又年上印带财象，印主门店。

朋友又问，能否看出是做什么生意？我看年上财坐酉上，丁有克酉之意，又辰酉合到了坐下，酉印也主技术，主本人有一技之长。再看酉为西方，可取病人之象，见阳火克金，是为病人治病之意，所以我判断此人是个医生，并且医术还可以。后来朋友告诉我，此人是做中医推拿的，自己开诊所，比较有钱。

六、商海沉浮，女强人命运多舛

每年五一与国庆期间，盲派命理面授班都会开班。2010年国庆期间广州面授班来的学员格外多。每一次课程之外，还特意安排给每位学员免费批命，让学员切实感受盲派命理的实断过程。其中一位女士的四柱如下：

```
        年  月  日  时
 坤造： 壬  戊  戊  丙
        寅  申  子  辰
```

大运：03 丁　13 丙　23 乙　33 甲　43 癸　53 壬
　　　　未　　午　　巳　　辰　　卯　　寅

我先说："你的四柱早年入公门，但在 23 岁至 33 岁期间工作并不顺心，犯小人严重，这个大运中只有 1986 丙寅流年比较好，会有升职。其他时候都没有机会。"

她说："是的，我 1982 年到政府某厅工作，1986 年提升过，总是犯小人。"

段老师接着说："你 33 岁甲辰运走得太好了，此运不但有权，而且做事非常顺利，应该工作调动到远方去了。你在此运上也会投资，自己做生意，并且能发大财。"

她说道："老师你说得真对，我从 1994 年后，就调到另一个城市政府下属的一个公司当经理，事业上非常顺利。"此时我凑了一句："你自己投资开公司的时间应该在 1998 年，你的财运非常好，几年你就发财上亿了。"

她说："是的，在 1998 年我自己投资开公司，那段时间比较顺利。"

我说："2004 年进入癸卯大运，之后运气就不如以前了，什么事都不顺利，我看你应该惹官非破财了吧？"段老师又补充说，会破财很多，不是小数目。

此时她急着问："老师你看我以后还会破财吗？还会有官非吗？"我说："这都会告诉你的。"

我接着说道："你应该在 2006 年破财，2009 年又破大财。实际是这样吗？"

她答道："老师，你们说得都对。我是因为给朋友做担保，结果在 2006 年破了大财，从此就没顺过。2009 年又因朋友的事破财，我差点就没法活下去。这几年我一直在还债，到目前我已经把外债还清了。想问明年 2011 年我和朋友想合伙投资做点事可以吗？"

我看到她走癸卯大运，明年辛卯年，就直接告诉她这个事情做不成，最好不要做，不但会破财，而且还会因此而惹官非的。

段老师说："你的坏运就快过去了，等到53岁行壬寅运的时候，你还会东山再起，以后的财运比你从前还要大得多，只不过这几年需要你渡过难关。你的命财局很大，只是现在行运不好，整整十年坏运，过去就好了。"

命运真会捉弄人，可以让人飞黄腾达，也会让辉煌化为乌有。幸运的是，她还有翻身的机会。我们期待着幸运之神能再次向她降临。

命理分析：戊土日主，申子辰会起旺财局，有寅申冲为功，冲制宾位的杀星。此杀带壬水财星，可以表示国家单位，也可以表示自己的财。当行午运时，印星引通杀星冲入主位，表示自己工作非常好，能入公门。

戊土日主喜见杀星而怕见官星，乙巳运乙官透干为忌，加之巳禄穿寅，所以工作会不顺，单位得不到重用。

甲辰大运，杀星透干坐到财库。辰拱合主位子水，表示自己的财，甲落于辰上，所以自己能发大财。这个大运的甲代表寅，不再表示单位，而表示自己利用单位的关系或条件来发财之意。

癸卯大运，见财星落于官地，戊土日主最怕官星，此卯木之官还与主位子水相破，因官司破财之意。两次破大财，都有官司。此运将自己积累的亿万财富几乎破尽了。

未来行壬寅大运，现原局寅申冲之功。戊申冲克壬寅，宾位相冲，推其会与人合伙取财，重返往日辉煌。

第二节　盲派实战例选

2007年11月末，我在广州举办了一次弟子班学习，为了检验并提升学员的预测水平，于2007年12月6日至9日特意安排四天免费预测活动。因为这一次是对外公开的，除了许多学生外，更多的是慕名而来的各地求测者，还有从香港赶来的。大约三十余人当面测过，后两天因来的人太多，还有一些来客没有排上。

我基本上全程参与了这次活动，只有一个下午因有别的事而没有到场。

这一次对外预测，学生们的水平都有很大地提高；我们欣喜地看到，盲派命理确确实实可以经得起检验，不仅大部分来测者得到准确的预测，少量没有十分精确预测的命理，事后都可以得到完善地解释，在场许多易友、学员与求测者都见证了我们的实断水平。

因为是实战演练，所以每个都尽量断得细一些，比如：职业、父母、婚姻、财运、子女、工作、流年情况，每个人都要断。我要求学员不怕断错，要敢于开口。其实在实际断命中，并没必要断那么多内容。对于职业的推断，每一个来客我们都推，验证情况精准。

以下是摘选部分学生的现场实断命例记录，加以整理并附点评。

现场实战命例之一

悲惨的卧底——春风化雨记录

最近，广东阳江出了一件快慰人心的大事，国家公安部的一位副部长，率领200个事先声称去茂名拉练的武警，把正在聚餐的阳江恶名远扬的"锤头笠"和"卤味钦"黑社会组织一举端掉。这一消息真是大快人心，这不仅是阳江人民的胜利，也是全国正义力量的胜利。端掉黑社会，阳江公安固然功不可没，但如果没有卧底公安的艰辛工作，那么一个黑社会团伙是很难根除的。

这几天，我在一个论命论坛里找到了和这件事相关的一个四柱，一个叫"海天"的易友提供了一个四柱。经过一番审思，我确认这个四柱是真的。刚好要到广州去，可以让段老师解读一下这个四柱。

我就"心怀鬼胎"地拿出这个四柱问段老师，四柱我是记在本子上，但为了"考试"，我还是把它抄在了一张纸上，然后对段老师说：老师，这有一个比较有特点的四柱，您帮我们解读一下吧。段老师坐下，夏天、老戴、易海拾贝和我就围在老师旁边，倾听老师对这个四柱的精彩论断。

```
         年   月   日   时
乾造： 丁   壬   癸   丙
       巳   寅   丑   辰

大运： 08 辛   18 庚   28 己   38 戊
          丑      子      亥      戌
```

我问：这人是干什么的？

老师想了想，说："这个有点公门的意思了，但不全，是个假阳。"

我在旁边期待得都有点急了，期待老师再说下一句。

老师想了一会，对我说："是个保安大队长？"

我笑了笑，觉得真有意思，为什么老师不说是个公安呢？就说："接近了，还不准确。"我最期待的当然是最正确的答案了。

老师又想了一会，说："阳不足，又不像黑社会，是个卧底公安？"

此时我比谁都高兴，因为这也能证明，即使现在行业那么多，我们的论命体系真的可归纳得非常准确，特别是对于这种特征明显的行业。

说实话，我觉得这四柱还不是那种非常难的四柱，在论坛里得知这个四柱是个卧底公安后，我把他哪年入公门，哪年"变"成"黑人"，哪年身份暴露出事，全都断对了！

当然，除了职业和事业外，他还有别的事，用盲派理论都能完全解读。

那么，他是哪年成为公安呢？哪年又变成"黑人"，哪年又出事的呢？请先想一会再往下看，看你说对了吗？

实际情况是：戊寅年成为公安，戊官虚透来合身，寅丑又合，寅为公门，代表"公安"这个职业开始了。

哪年变成"黑人"？不须多想，一定是"改头换面"的年份，由"阳"变"阴"了，也就是把表面的"阳"隐去的时候。辛巳年，辛一合丙，寅一穿巳，巳又拱到丑，这一年，一定是摘下公安帽，脱下制服，隐姓埋名，深入敌人内部的一年。

哪年卧底身份暴露？排下流年，我发现甲申流年非常坏，一般来说，作为一个黑社会成员，吃喝是不愁的，但甲申年，寅是公门，虚透到天干来了，一定是这一年身份暴露出事了。

黑社会真黑，暴露了身份后，黑老大就布了个局，叫他去执行一个事先已经让公安知道的事，这一下，他有多惨可想而知了！他要去抢劫，然后公安在等着，他的同事把他给抓了！他哑巴吃黄连，有苦无处说。2005年判了个无期！

好在老天有眼，阳江的黑社会被端后，他的"重判"也提上日程来了，他的下一个运，是阳运，我们期待他有重见天日的那一天。

但是，即使他要坐几年牢，我们内心也会不安的。你不觉得像俄罗斯那些暴露了身份的间谍，结局很可怜吗？

作者评点：木火为阳，金水为阴，有阴包阳局，也有阳包阴局。本命阳包阴局，但明显阳不足，尤其天干之阳气不能胜阴，反有被阴所制之虞，最后还是因为卧底被送进牢房。我有一正规警察的命，可以比较一下：

```
       年　月　日　时
乾造：戊　丙　乙　戊
       申　辰　丑　寅
```

阳包阴局，地支阳气虽然欠足，但天干阳盖阴，局象上看，是阳胜阴局，寅作公门，故能在警局为官。

学生春风化雨对于卧底时间与入狱时间的推断完全正确，他对应期掌握得很好。

现场实战命例之二

千万身家财产，顿时化为乌有——闲居故人录

2007年12月6日一大早，刚坐下来就进来三位要预测的先生，其中一

位王先生，排四柱如下：

```
        年  月  日  时
乾造： 己  壬  丙  戊
        酉  申  辰  戌
```

大运：01 辛   11 庚   21 己   31 戊   41 丁   51 丙   61 乙
　　　 未   午   巳   辰   卯   寅   丑

财官临库喜刑冲，丙戌一家，要用戌……学员们你一句我一句说着，这时言明老师说："这个四柱现在很不好了，应是做穿的东西，开厂的。"又有人说："这个己土像鞋子，是做鞋的吧。"

王先生静静听了一阵后，再也忍不住说："我就是开鞋厂的，我辰运不好，你们看看那年最不好？"

这时言明老师和几个学员都说："是庚辰年，肯定是2000年破大财！"

段老师说："你们看得很对！让王先生反馈吧！"

王先生很平静地说："你们看得很对！看看我2000年为什么破财？"

段老师说："这个财破得很离奇，一下子就没了，所有的东西一下子就塌了。应有两种可能：其一，火灾；其二，房子倒塌。"

王先生面无表情地说："是的，是的，那是一场火灾，烧完了所有货物，厂房最后倒了！损失2000多万……"

看着王先生忧郁的神情，好像是在回忆那场致命灾难，自语道："平时都买了保险，正好那几天在换另一个保险公司，这个空挡没有保险！难道真的有命存在吗？"

我们也为他伤感起来，毕竟2000多万数目很大。看看大运，想来辰运快过了，过两年就进入丁卯运，情况会大为改观。

段老师安慰他说："过两年就好了，丙寅运还有大的发展。"

事后我们问段老师：为何断火灾与楼塌呢？

段老师回答："阴阳两象，毛病出在戌上，戌为火灾，戊戌为楼房。"

作者评点：丙日主见戊戌时，不管戊戌在命局中是旺是衰，都要用，因为丙戊为一家，丙戊又是半个禄的关系。四柱用戊戌制杀为功，最怕行戊辰大运，再遇庚辰年就应凶了。

现场实战命例之三

经典的职业断例——闲居故人记录

12月7日有六、七人前来咨询，每个断例都很精彩。差不多11点时，来了两男两女，其中一彪型大汉座落，说是帮看下四柱。

来人报出他的生日是1976年阴历八月初一巳时，既能说出自己巳时，看来对命理也懂一些，至少算过命。

来人说："听说你们盲派算职业很厉害，先看看我是干什么的吧？"

排定四柱：

	年	月	日	时
乾造：	丙	丁	己	己
	辰	酉	卯	巳

大运：05 戊　15 己　25 庚　35 辛　45 壬
　　　　 戌　　 亥　　 子　　 丑　　 寅

我看卯辰穿，肯定不是官，具体还是请段先生断。

段老师说："此四柱有执法部门之象，但不是正规的国家执法单位。"

我说："是否是保安公司？"

张先生答："不是！"

段老师说："是类似机构，但应是私人公司。"

张先生一脸阴沉转为笑容，很高兴地回答："我是私人保镖，以前没人看出我的职业。"

说实话，看私人保镖还是第一次，深感四柱象法太神奇，太深奥。

段老师继续断："与父母缘分浅，如不送给别人，父亲得早死。"

来人答："我生下就送人了，十几岁时养父也死了。"

老师又断道："命该生女孩，是不是2002壬午年奉子成婚？"

对方反馈说："是的，怀上后才结婚，当年生孩子，是女孩。"

老师接着断："今年生父母有病灾，父可应病在肝。"

对方反馈道："生父住院，是肝癌，生母也住院。"

仔细分析后，段老师又跟他讲："2000庚辰，这一年怕有短暂牢狱之灾，且是受别人牵连，与女人有关。"

对方反馈道："是的，是因为打架，是受别人牵连，是我哥们的妻子引起的，被拘留一个月。"

旁边听的人都觉得太神奇了，盲派居然可以断到这么细致。

作者点评：此造也是阳包阴局，卯酉之冲是食神制杀，有执法的意思，但无寅，不能入公门。所以确定为私人保镖，当然断保安公司主管也是对的，这两种职业都合此四柱的象。

命局喜卯酉冲做功，不喜卯辰之穿，辰不仅晦巳火，且与杀星不合为抗，又是比劫有结伙之意，故是个违法星，应在庚辰年犯事；辰在宾位，主他人牵连，又大运引辰中之财星，所以与女人有关。原局毕竟阳能胜阴，所以牢灾不长，据说一个月就出来了。

现场实战命例之四

比劫伤官库不冲，何种职业定终身——闲居故人记录

12月8日一大早，来了两位穿西装的先生，一坐下就拿出事先排好的四柱命盘，说是因为听说盲派大名，特地慕名前来问命。看来也是同道中人，因为从他们的眼神和言谈中透出一丝丝考问的意思。其中一位是李先

生，他先报出四柱：

```
        年   月   日   时
乾造： 癸   庚   庚   庚
        丑   申   辰   辰
```

大运： 02 己   12 戊   22 丁   32 丙   42 乙   52 甲
　　　 未   午   巳   辰   卯   寅

看这个四柱比劫伤官的组合，我们就知道这个人有些傲气。满盘皆阴而无阳气，看四柱的功，申入丑墓，墓库又不开，命中无财无官。该怎么断呢？学员们一时不知如何下手。

有的学员先说："可能是跟别人合伙做生意的。"

李先生说："对！"

学员又断："应该是做金融的命，倒来倒去的意思，又转手，也有可能是银行的。"

李先生脸一沉，摇摇头，什么都不说。

这时，段老师开腔了："这应该是做投资生意的，通过将资产打包，转出去赚钱。"

李先生说："我就是做投资生意的，是中介。买东家，打包，再卖西家。在政府和商界之间倒来倒去。以前我找过很多大师预测，没有人断过我的职业。"

学员们见局面打开，纷纷断婚姻和财运。

有学员说这个命应该是 1997 年丁丑结婚，有的说是戊寅年更像。

段老师说："应是 1999 年己卯结婚。"

李先生笑着说："师父还是师父，是 1999 年结的婚。你再看我是哪年生孩子？"

段老师说："不是 2002 就是 2003 年。"

对方说："是 2003 年。"

然后，李先生又说："很少有人断对我的命，其实，我的人生经历多，不是一般的大师能断得出来的。你们能断出来就是高手中的高手了。看看2003年怎么样，有什么事？"

肯定是不好的事，流年反局，伤官是有伤灾，这一点许多学员都看了出来。

有学员说："肯定是车祸，自己受伤了，伤到了腿脚。"

李先生看来城府比较深，反问道："如果有伤灾，那是伤到哪里？如果伤了脚，那是伤了左脚还是右脚？"这明显是考问。

看了一会，段老师说："是右脚。"

李先生说："还是师父厉害，生日那天车祸，所以我终生难忘，再看看1998年怎么样？"

有学员说："这一年肯定是坏事，先找了个女友又分了。"

段老师不同意是因为女友的事，他说："会因财起祸，先好后坏。"

李先生欲言又止，从他的神情我们看到他有点想让我们往细里断的意思。

段老师继续说："肯定破财了！"

这个时候，李先生反馈说："是一个很好的朋友，以买房为名，骗光了我身上所有的钱，15万！那年我只剩下200块钱，你想想，在广州200块钱是什么概念？"此时李先生看断准了许多，索性继续问个详细，他先问自己兄弟会有几个。

段老师说："我看兄弟不一定很准，一般不给人断这个，不过今天问到了，不妨试一下，你应是三个兄弟的命。"

李先生："对！"

段老师又断："你的公司是合伙股份制，2004有人入股，2005又有另一个人入股。"

李先生："对！"

"你2006年工作性质有比较大的变化"段老师又断道。

反馈："对，基本是转行了，搞了一个加油站的项目。"

李先生又问:"2007年会怎么样?"

老师说:"有人要撤股。"

反馈:"对,公司马上要解散了!"

作者点评:首先要理解此四柱的做功点在哪里,满局无财官,就不取财官为用了。申入丑墓为功,丑入辰墓又是功,而年干透癸水,又是辰中水的象,这样连起来就可以定他的职业:申为禄可当财看,申又主金融手段,入丑墓为打包,再入辰墓是转手,辰又生禄是再生出钱来;而癸水一透,就是有策划与运作的意思。癸既代表丑,又代表辰,所有这个过程都是他一手谋划出来的。

知道四柱做功原理,其他细节的东西就迎刃而解了。

现场实战命例之五

会计职业——闲居故人记录

这是12月7日算的李女士的命,主要由段老师作推断。

```
       年  月  日  时
坤造: 壬  丁  戊  己
       子  未  申  未
```

大运: 03丙 13乙 23甲 33癸 43壬 53辛 63庚 73己
       午   巳   辰   卯   寅   丑   子   亥

排好四柱后,段老师开始断了:

"子未穿,申为头脑、思想、技能,你的工作应在一家正规单位,你是用你的头脑做算计的工作。"

言明老师接过话说:"是记账,是个做会计的!"

李女士："还真行呀，这也能算出来，我就是个会计呀！"

段老师继续断道："你应在1995年谈恋爱，1997年同居，1999年拿证，生的男孩。"

李女士："对！对！我是1995年谈恋爱，1999年拿证，2001年生的儿子。至于同居年份（李女士脸红了，有点不好意思）具体记不清楚，反正差不多吧！"

段老师接着说："你老公是在国有单位工作，且有职权，应在执法部门，应该在2003年升职。"

李女士："对！对！是政府部门管路桥公司的，先是副总2003年升正职了。"

段老师又断："你老公在外地工作，2004年之后调回来了吧。"

李女士："对，不过2004年是从远的地方调到比较近点的地方，直到2006年才调回来。"

段老师："你小时候容易生病，你父亲有过伤灾或手术，在腹部！"

李女士："对呀！我小时候老肚子痛，经常上医院，我爸爸得过肾结石开过刀。"

段老师："母亲应该不在了，应该在己卯年？"

李女士问："己卯年是那一年？"

我补充道："己卯是1999年"

李女士说："对呀！（提起母亲有些伤感）是1999年走的。"

后面段老师又给李女士断了后面的运程，断完命李女士还在旁边坐了很久。

我问：还有别的事吗？

李女士说："太有意思了，第一次看见这样预测，像是听故事，我以前是不信命的。"

我笑着说："四柱看准了就像讲故事呀，命理就是在表述人生，人生的事情都可以从命中体现出来，我们预测就是要读懂这些。"

作者解评：此四柱的要点在子未相穿，四柱的功也在这。申金食神去生宾位的财，这个财星被穿制，则坐支申金的功量就大了。申是脑力，壬子是数字，也是财，在宾位是表示他人的财，所以是个会计。

现场实战命例之六

美女的应断——春风化雨记录

12月8号上午，前来预测的人络绎不绝，其中有两个美女，我招呼她们坐下，其中一位报出生辰，其四柱是：

```
        年  月  日  时
坤造： 己  丙  辛  甲
       未  子  亥  午
```

大运：09 丁 19 戊 29 己 39 庚
　　　 丑   寅   卯   辰

排定四柱，我让段老师看了一下，段老师说：这个四柱好断，你们来吧。他希望我们学员多练手。

我看是个金水伤官的四柱，就开口说："你学历高，工作也非常不错。"

美女笑了一下，说："对，我是本科学历。"

局面一开，我们就讨论开了，盲派的一个特点是要断职业，和职业的特征。

闲居接着说："你是搞财会的？"

美女摇摇头，轻声说："不是。"

"那是搞计算机的！"闲居看来把四柱中的象看出来了。

美女这下露出笑容："你说得对，我就是搞计算机的，有点像管账。"

我看这四柱阳包得很紧，说："你要是去管账的话，你能把账管得一分不差!"

美女又得意地笑了:"嗯!"

段老师这时说话了:"你这薪水也不低呀。"

我接上话:"如果是放在广州,那薪水不会低于6000元。"

美女又点了头。看来这个四柱真的很不错。

段老师说:"你们帮她看看婚姻吧,女孩最关心这个。"

闲居说:"癸未2003年谈了个朋友,乙酉2005年分了。2006丙戌年又谈了个朋友,很短的,当年就分了。"

"对,上半年谈的,下半年分了。"

"什么时候结婚呢?"她非常关心自己的婚姻。

我说:"明年不成,2009或2010年吧。"

闲居补充说:"估计2008年还能碰上一个。"

段老师说:"这个婚姻基本敲定了,看六亲吧。"

"父母关系不好,母亲身体不好!"我断道。

"嗯,我爸爸脾气好,母亲比较急,比较吵。"

"看母亲身体不好,血液或脾胃病。应该开过刀吧。"我说。

"是开过一次,不,两次,结扎算不算?"

我都笑出来了,说:"这不算,又不是病,有一次就算有。"

"看看我的身体吧。"

"别看金水相逢美丽容,不能就说身体没毛病。容易有妇科病,肾有点寒。"

对方说:"对极了。"

"病在血,但还是调肝养胃吧。"段师补充到,看来段师对四柱看病治病已经很纯熟了。

"好,我下次找中医就跟她提这个。"美女非常满意地把凳子移到旁边。我们又准备看下一个四柱了。

附　录：作者博客文粹

概　论

　　盲派命理有三大法：理法、象法与技法。我们说命理的本质在于表述人生，人生的所有事情，在四柱中都能够体现出来。但四柱只有八个字，即使所有干支加在一起，总共也才只有二十二个字，又怎么能类象出人生的万象呢？

　　中国的易学真是太玄妙了，如果你想一想计算机，它有那么神奇的功能，用的却只是0与1两个简单的东西，可这0与1的二进制法，却源于易经的阴阳。明白这个道理，万物类象就容易理解了。不管你是什么事物，都可以一种规则进行类象处理。中国的各种术数学都是类象学术，只有将符号体系与实际事物对应起来，才可以达到预测事物的目的。

　　术数的基本符号体系是三类：干支体系、八卦体系与五行体系。五行实际是一种运算工具，五行象的功能较之于运算是其次了。干支体系较之于八卦体系更基本，就像计算机语言里的汇编语言一样。正因为如此，干支取象应用起来不那么容易，但是一旦掌握，便可达到很高的水平。

　　八卦象虽然清晰，却是单一的；干支象虽然笼统，最后定象却是组合的。因为干支之间有各种合化刑冲的关系，加之干支本身是叠加成象的，所以其丰富复杂程度要比八卦象多得多。具体在四柱中取象，还参合了十神含义、宫位含义等，这样，十分简单的八个字，就蕴藏了丰富的内涵。

　　人生有多复杂，命理就应该有多复杂。所以要想学到很高的水平，只有在象法上下功夫。本章节精选段建业先生的博客文章，供各位易友参研。

一、贞观之治李世民

唐太宗李世民开创了历史上最昌明的贞观盛世，然而，他的帝位却是通过一场残酷的宫廷政变取得的，而这场政变的导火索是缘于一个预言。

武德九年六月一日，太白金星于白天划过长空，据《旧唐书·天文志》的说法，金星白昼划过长空是预兆会发生政权更迭。六月三日，金星再次于白天划过长空，太史令傅奕向李渊呈送密奏，称"太白见秦分，秦王当有天下"。

如果用现代人的眼光看，这不过是一个星相师的预言，准确与否尚存疑问。但在当时，一个太史令的预言是不可掉以轻心的，于是李渊召李世民进宫，示其密奏，其用意是暗示要他自杀来澄清嫌疑。

李世民当时大惊，篡夺皇权是死罪啊！此时的李世民不愧是政治斗争高手，他马上冷静下来，说："我死不足惜，但在我死前，有一事要向父皇禀报，建成、元吉二人淫乱后宫，与某某妃子有私情，这事父皇知道吗？"李渊听后愕然，说："你说的话是否真实，我也不能确定，明日在宫中召见两兄弟和众大臣，一起来对质。"于是，李渊就将世民放回去了。

本来建成、元吉淫乱后宫的事，可能是李世民急中生智瞎编的，可这一下放走世民，给了他机会。世民当然清楚，如果明日对质没有此事（即使有，也不可能有证据，谁会承认），他是必死无疑。于是与他的手下密谋策划了玄武门事变，第二天在玄武门伏兵，将他的哥哥弟弟杀死，逼宫李渊，当上皇帝。

李世民当皇帝后的第一件事，就是召见这位太史令傅奕，问他密奏之事，傅正言道："我身为太史令，向皇上预报国家大事是我的职责，有情不报，反是我失职。既然你秦王已经取了天下，要杀要剐就随你便了。"

大家可能想到的结局是，傅奕被杀，正是因为这位太史令的密奏，使他差点被杀。可是李世民并没有这么做，也许正是这份密奏，才让预言成为现实。如果没有这份密奏，李世民就不可能被逼到悬崖上，也很难想像他会有什么理由进行政变。李世民出于爱惜人才与宽仁政策，同魏征一样，这位太史令被继续留任。

历史像戏剧一样，出人意料之外，又在情理之中。我们无法窥知历史发展的真正动因，我们看到的是，历史的偶然无处不在。我是信天命之人，历史是天道与人命相合而成的，只有在相应时期，出现相应的人，他才能谱写出属于他的那一段历史。

任何偶然都是因为我们没有发现它背后的必然而已。我们用命理分析一下，这位伟大的君主。

```
              年  月  日  时
唐太宗李世民造： 戊  乙  戊  壬
              午  丑  午  戌
```

大运：05 丙　15 丁　25 戊　35 己　45 庚
　　　　 寅　　 卯　　 辰　　 巳　　 午

"以铜为镜，可以正衣冠；以史为镜，可以知兴替；以人为镜，可以明是非。"

在历代开国君主中，唐太宗李世民尤以文治武功，文武并重表现出多方面的杰出才能。开辟一代盛世，史称"贞观之治"。

观其四柱，戊土生于丑月，本天寒地冻，然喜得座下午火正印，驱寒解冻，而年上戊午再现，形成比劫局。然丑午之穿，丑在月令为比劫兄弟，故而兄弟反目，相残于宫墙。丑上坐乙，乙为官为父，故能逼父退位，承继大业。然终能成就大业，名垂青史者，赖时上戌土，火土归墓于戌也。故不惟武功超群，英华外现；亦能韬晦有谋，智勇双全。帐下网罗了大批人才，武有尉迟敬德、秦叔宝、李靖等名将，文有房玄龄、杜如晦等十八学士。尤喜戌丑之刑，戌得两戊午入墓，能量极其可观，故能刑开丑土伤官库，制尽月令伤官而得帝位。倘若无戌土之墓，则两午穿丑，未必能制尽。且穿之行事，多直而不遂，暴而不治，多挫折艰辛。其人亦必张扬跋扈，必无太宗之谋略。更为所重者：戌库能打造一股军事力量，形成政治气候，获取人心民意，从而开创大唐盛世。

总之，本造为去金水结构，能有四层功者，当为帝王之命。

观其行运，当崛起于戊辰之辰运，丑入辰墓，贼神入墓似不吉，有反局之嫌，然戊辰运戊盖头，辰也在自己的控制之下，且有旺戌冲之甚烈，辰戌冲，强烈做功。毕其功于一运！

太宗大事记：

戊辰运之辰运，丙戌年，弑兄弟建成、元吉。登基。（辰戌冲之应）

戊辰运之辰运，丁亥年，改元贞观。

己巳运之己运，乙未年，上皇崩（乙为父，临墓逢冲之应，官主父）。

己巳运之巳运，丁酉年，纳武才人（武时年十四岁，丁为妻宫，酉为妻，伤官主小。）

庚午运之庚运，癸卯年，废太子，立李治。（以官星为帝位及子女星，乙庚合去原来的乙，卯戌合到新的官星。）

庚午运之庚运，甲辰年，征高丽，乙巳年班师。

庚午运之午运，己酉年崩。（午运阴阳反局，依戌而延命，酉年穿了戌，故亡。）

二、千秋功业汉武帝

历史是谁主宰的？有人说是人民创造历史，也有人说是英雄改写历史。在我看来，历史更像一部事先写好的剧本，等待着一个个角色粉墨登场。我们不知道这个剧本的作者是谁，但其中的许多细节，真让人感到比舞台上的戏剧更具戏剧性，甚至有一些荒诞不经。

李世民因太史令的预言而进行政变，一举夺得皇权，也许这位预言家并未改变历史本身，只是改变了历史的进程而已；可另一件预言故事却完完全全改变了历史，那就是汉武帝的出生。

这位预言家既不是地位显赫的太史令，也不是什么传奇式的隐士、高人，史书上连他的名字都没有，可能就是我们常常见到的江湖预测占卜先生之类吧。一位败落的前侯王家后裔臧儿一心想光复自己的家族，将这位占卜师请到家中，为她的两个女儿算一下前程。一个叫王娡，一个叫王兒姁，当时大女儿王娡已嫁于一户富有的金王孙家，还生有一女，算卦先生当时算到："两女皆当贵"，意思是可贵为王后。

这卦本来不必认真，一个算卦先生的话，其准确性如何还有存疑，再说，王娡已经嫁得很不错了！但是，臧儿却坚信算卦先生的话，于是果断决定，把王娡从金王孙家里夺回来，重新嫁人！这是一个非常大胆而近于疯狂的决定！我们推算一下，王娡的婚史，包括出嫁生子，至少要两年时间。人都有一种惯性，特别是女人，为人妻，为人母已两年，要她从以往的生活环境中硬生生地脱离出来，是不容易的。然而，冒险家臧儿愣是把这件事办成了，整个过程王娡也非常配合。

很快，摆脱了婚姻束缚的王娡，和妹妹王兒姁先后被臧儿送入太子的宫中。太子就是后来的汉景帝，果然纳两姊妹为妃，这才有后来的汉武帝刘彻的出生。最后证明，刘彻外祖母这次完全超出常理又匪夷所思的抉择，绝不是她多么高明或富有远见，仅仅因为算卦先生一句话而已！

可惜，这位改变历史的算卦先生没有留下姓名与其他的神算传奇故事。就算是他有郝金阳、夏仲奇的金口铁断的本事，放在今天，让一个已嫁两年的女人放弃幸福的婚姻与子女改嫁，都是不可思议的事情。

可历史就如戏剧般出演，如果不是《史记》这样明确记载，谁敢相信这居然是真的。汉武帝刘彻无疑是一个伟大的君主，他在罢黜百家，独尊儒术，征服匈奴，开疆扩土许多方面开创了中国历史的新纪元，对后世影响巨大。

《汉书》称汉武帝七月初七生于漪兰殿（公元前156年）。查历书，四柱如下：

```
         年  月  日  时
   乾造： 乙  癸  己  甲
         酉  未  巳  戌 （注：定为戌时，比较合命。）

大运：08 壬   18 辛   28 庚   38 己   48 戊   58 丁   68 丙
        午      巳      辰      卯      寅      丑      子
```

武帝无疑是一位伟大的君主，他雄才大略、文治武功，使汉朝成为当时世界上最强大的国家。

命格未、巳、戌成一党，集于座下巳火，是谓集权之意，取格阳制阴之象。年上食神被制是谓四柱之功。戌为劫财，为武库，未为杀库，两库刑开而得用，故能得卫青、霍去病两位军事天才，得以实现征服匈奴，开拓北疆，统一中华的宏伟理想。食神被穿制，一方面表示在他统治下由于战争连年，而民不聊生；另一方面，也表示他性格多生疑变，任用文臣宰相不能长久，而多行杀戮。武帝集专权残暴及英武神明与一身，在他的命格中表现无遗。

酉金还可以代表妻子，也就是他的皇后与嫔妃们，酉戌之穿，同样悲惨的命运落在她们身上。从陈阿娇、卫子夫到李夫人、钩弋夫人，都不得善终，到武帝死时，全部嫔妃俱被遣死，武帝的残暴无情，酉戌之穿，可谓尽显。

有诀曰：食神被穿倒，真小人也。我们虽然不可以用"小人"之词形容武帝，但做为帝王，政治上的成功并不能掩盖他为人、为夫、为父的失败，最后对太子、太孙的诛杀成为他晚年最大的伤痛，其原由还是因为酉戌之穿，酉上坐杀星乙木是太子刘据之应。

武帝大事记：

辛卯年，七岁封太子。（武帝的太子位可费了周折，原立长子刘荣为太子，结果其母栗姬愚蠢莽撞，自毁前程。当时的武帝排在第九，居然能立为太子，也属命运的垂青。辛卯之卯，为杀星生印，此杀星源于月令之未，继承先帝基业之意。此年巳月丁巳日，被立为太子。）

庚子，十六岁，父皇景帝逝，二月丙子即位。（癸水为父，庚子父星到，被未穿倒之应。而此年未土穿子反而为功，故得皇位。）

辛丑，十七岁，全面推行儒家学术，是年大婚，娶阿娇。（辛丑食神星到，巳酉丑拱入妻宫。）

壬寅，十八岁，武帝新政被废，窦太后干政。武帝外出游猎，不问政事。纳卫子夫为夫人。（寅巳之穿，坏座支印星，引年行入辛巳之辛运，辛食神当奶奶，应窦太后，辛压巳自合，太后当权之应。）

丙午，二十二岁，五月，太皇太后崩，重新掌权。（丙辛合，弱辛被合去，丙是巳火应天干，自己当权。）

戊申，二十四岁，用卫青，开始与匈奴的战争。初战告捷。（戊为戌巳之透干，印星喜见伤官，当为有功。）

癸丑，二十九岁，立皇后卫子夫，阿娇失宠，打入冷宫。（又见巳酉丑三合局，故立新皇后。）

乙卯，三十一岁，母王太后逝。（卯酉冲之故。）

武帝一生最辉煌的事业，是在元狩元年至元封元年，十几年间完成的。己未年至辛未年。其间，乙丑年有重病。

（此在己卯大运中，己为自己，卯为七杀，引通杀库而合动武库。）

乙酉年，六十一岁，立钩弋夫人。（行入丁丑运，又见巳酉丑三合局。）

己丑年，六十五岁，宫庭筮蛊祸。（行入丑运，丑为阴中之极阴，得原局酉之阴气而加强，而三刑俱全，巳见丑而被晦，全局乱象横生，是阴盛灭阳之象，故生蛊祸。）

庚寅年，六十六岁，筮蛊祸进一步扩大，两位公主，卫皇后、太子死于非命。牵连的大臣数十位。（屋破又逢连阴雨，逢庚寅穿倒坐支正印，是为一生之大灾。）

辛卯年，六十七岁，追悔，为太子平反，建思子宫。

甲午年，二月，丁卯日病死。是年七十岁。（丙运，巳火阳气虚透，甲午年禄到而亡。）

留三子，太子弗陵即位，是为汉昭帝。

三、唐明皇李隆基

大唐盛世的开创者李隆基，他一生波澜壮阔，演绎了许多传奇。两次政变当得皇帝，前半生励精图治，开创开元盛世，成为历代帝王中的优秀楷模。而后半生却贪图享受，任用奸臣，安史之乱毁了自己亲手缔造的一切，是一个悲剧英雄，还有一段与美女杨玉环的爱情故事，被诗人写作《长恨歌》，唱传千年。

生于685年八月初五，推其为午时

	年	月	日	时
乾造：	乙	乙	戊	戊
	酉	酉	寅	午

大运：01甲申　11癸未　21壬午　31辛巳　41庚辰　51己卯　61戊寅　71丁丑

这是一个伤官配印的格局，午印主权力。两乙透干为凶神，两酉绝之有功，而再配印制服伤官，气势恢弘，能成一代明君，也非偶然。

伤官，造反之意，两伤官，造反两次。乙木与寅木官杀星可代表儿子，两酉绝之，亲手杀死自己的三个儿子，造成人伦惨剧。酉金伤官妃子，乙下坐酉，又代表儿子的妻子，杨玉环先嫁他儿子寿王，被他看中强娶为妃，唐代这种乱伦关系早已不新鲜，他爷爷就是如此。

午运壬子年，政变上台，此为印星大运，子年冲起印星。

己运丁丑年，杀死儿子。午是权，本落在子女宫，此年丁虚透而穿午，权力收回。而己坐卯地被午破，卯破而杀子。

伤官为其命中斗志，也主聪明英主。行入寅运绝伤官，丧失斗志，寅运重用杨国忠而导致安史之乱。乙木之凶神托寅根得气,主安、史叛乱。丁运尚未交入,乙未年,凶神得根而应。

丁丑大运,午之权力虚透,丧权之运。被儿子李亨夺其权,尊为太上皇。丙申年,寅妻宫虚透而绝,贵妃自缢于马嵬坡。原局象也是如此,两乙是绳子,酉为贵妃。

丁丑运,寄人篱下,勾延残喘。壬寅年,78 岁而卒。

他死后,大唐进入悲凉的晚唐,其子孙被家奴宦官掣肘,任杀任废。也缘其命中绝其官杀之故。

四、太平天国掘墓人——曾国藩

我一直相信,我们人类的历史是事先规划好的,就如同一出大戏,剧本已经写好,等着各种角色粉墨登场,不然怎么会有《推背图》,能如此准确地预言历史大事呢?再研究历史人物的命理,似乎上苍有一种事先的安排,或者又像是各种妖魔与正法在搏斗而互有胜负。总之,我相信历史的背后有一个"操纵者",在它面前,人类就像一群"刍狗"在玩游戏。

曾国藩生于 1811 年农历十月十一日亥时。

	年	月	日	时
乾造:	辛	己	丙	己
	未	亥	辰	亥

大运:06 戊　16 丁　26 丙　36 乙　46 甲　56 癸
　　　戌　　酉　　申　　未　　午　　巳

日元丙辰,双水入墓,干透两己,年上一未,形成土包局,再旺再多的水,统统收入墓中,他真是名副其实的太平洪水的"收墓人"。

四柱的功在墓杀,两己土透干也是制杀之意,但丙见己极晦其阳,己主肌肤，所以他身体不好，阴湿侵蚀肌肤而得一种很厉害的皮肤病。直到癸巳运之巳运，见禄而湿毒侵蚀心脏而逝，寿程并不高。

他一生是儒家思想的推崇者与实践者，是一个儒家的典范。中国自古就有立功（完成大事业）、立德（成为世人的精神楷模）、立言（为后人留下学说）"三不朽"之说，而真正能够实现者却寥若星辰，曾国藩就是其中之一。他打败太平天国，保住了大清江山，是清朝的"救命恩人"；他"匡救时弊"、整肃政风、学习西方文化，使晚清出现了"同治中兴"；他克己唯严，崇尚气节，标榜道德，身体力行，获得上下一致的拥戴；他的学问文章兼收并蓄，博大精深，是近代儒家宗师，"其著作为任何政治家所必读"（蒋介石），实现了儒家修身、齐家、治国、平天下、立功、立德、立言"三不朽"事业，不愧为"中华千古第一完人"。

曾国藩重要事件：

1838年中进士，丙运戊戌年。丙喜见戊，制杀为功。

1854，组建湘军却"屡败屡战"，愤而欲自杀。此年行乙未运的未运，甲寅流年。未运带乙，未受乙制，己受乙伤，亥又拱未出卯，无法制杀。整个未运，克敌无功。

行甲午大运，局势大转。甲透而生午，午是己禄，午未相合而制杀，杀星必败而入墓。

1858年戊午流年，伤食大旺，战略大反攻，到1864年甲子而收复天京，太平天国被剿灭。午运甲子年，冲起午火之应。

逝于巳运壬申年，旺水克坏禄身之应。

五、大清王朝的掘墓人

先师郝金阳先生在世时，我曾拿一个四柱问他，郝先生断道：此女是个管皇帝的命，伤夫克子，乱怀不乱朝。短短三句，精准概括，这个命就是叶赫那拉氏·慈禧太后的命。

慈禧生于 1835 年 11 月 29 日（道光十五年十月十日）卯时。

```
         年  月  日  时
坤造：   乙  丁  乙  己
         未  亥  丑  卯
```

```
大运：03 戊   13 己   23 庚   33 辛   43 壬   53 癸   63 甲   73 乙
       子     丑     寅     卯     辰     巳     午     未
```

相传，叶赫那拉氏是明末叶赫国主之族，所属十五部，后叶赫部于 1619 年初被努尔哈赤所灭，叶赫部落酋长金台吉死前发了毒誓，称叶赫氏就算剩下最后一个女人也要报仇。大概也因为害怕这样的毒誓报应子孙，大清开国后，规定叶赫氏的后代绝不许进宫，更不许纳为妃。真是人算不如天算，到咸丰时，可能这个规矩已被人忘记，还是位叫兰儿的女孩子隐藏了自己的身世，被咸丰帝纳为妃子，这就是后来掌管大清国四十七年之久的慈禧。

慈禧主政的过程布满艰难与凶险，也富有戏剧性，在与八大臣的斗争中绝处逢生。但她是一个机智、果敢而对权力斗争有天才般悟性的女人，在男权统治的封建时代，将大清国的文臣武官们治理得服服帖帖。但在她死后的三年内，统治大汉民族二百六十余年的大清国在一场充满戏剧性的辛亥革命中，一夜之间土崩瓦解。我们有理由认为，是慈禧，成了大清国最后的掘墓人，她的统治使鸦片战争后已经很衰弱的中国更加走向保守与愚昧，失去了一次又一次奋发图强的历史机遇。一个女人，居然如此影响了中国，改变了历史的走向，这究竟是为什么？

我们还是要从她的命理中找出其缘由来。

传统命理看权力，一般要从官杀入手，但此命杀星入墓，更没有杀印组合，如何看权？郝师讲，此命是一个官禄格，以印当权，怕见食神。

当时郝师并没有给我讲透，现在理解，除了以印当权外，至少还有两个方面能显示她能掌大权：

(一)局中的杀星落丑,丑有未冲,墓库喜刑冲,冲开了杀库。未虽然没有能力制杀,但我们看到亥卯未三合一个强大的木局,将丑土连其丑中的杀星全部制死,除了表示她命中严重克夫之外,还表示制去杀与杀的原神,这一点已双层功了。

(二)她的命局从年上乙未,看到时上己卯,被禄星、禄库全部包围,这是一个重要的象,象征一人的影响力可以覆盖到任何一个地方,又加一层功效,再加之本身月令见印,是一个强有力的印,共四层功。以前讲过,一个命的功能做到四层,主权力就是帝王。毋容置疑,她显然拥有了当时可以超越帝王的权力。

从命局看,她的权力来自于天命,对于一个视权力胜过生命的人,让她放弃权力,是绝对不可能的。当一个个对手被她征服后,光绪帝在戊戌年的变法斗争,显然不是她的对手,直到最后,这个女人为了不让光绪反案,临死前下手毒死了他。

她的子星丁火,被月令旺亥水上下相合而克绝,不仅自己的亲生儿子少年早夭(同治帝死于梅毒),而她主政之后,后宫竟然三十年听不到孩子的啼哭声!想当年帝国初创,康乾盛世时,那皇子一生就是几十个,还为皇位继承斗个你死我活,可到现在,同治死于性病,光绪没有生育能力,到了宣统,简直连男人的功能都没有了。那个马背上起家的慓悍的爱新觉罗氏,居然没有了后代,你说它能不灭亡么?

写到这里,我想到关于风水与命运存在着的争论。如果风水真的具备改变一切的能力,那么,理论上就不可能有王朝的兴衰与消亡。因为皇权至高无上绝不可能请不到好的风水师,那为什么它依然要灭亡呢?如果说连皇帝请到的风水师都是没水平为其延长统治,那我们百姓,你能请一个可以让你改变一切的风水师么?所以我信仰天命与因果,不信奉那些可以改变一切的说法。

另一个是关于天道与人道的思考,《道德经》讲,天之道,损有余而补不足,人之道,反之。什么意思呢?我先倒过来讲,人道是什么,我们看到越是有权有钱的人,他能拥有更多的社会资源,周围的人都给他送礼,他的后代越能得到良好的教育，有资本而再生更多资本，而越来越有钱，永远有钱……一个贫穷的社会低层的人，他没有任何社会资源，子女得不到良好的教育，没有资本，也没人送礼，越来越穷。这就是人道思维，如果社会是这样，你觉得这可能吗？不可能，因为还有天道。天道一定是与人道相反的，是损有余而补不足，就是完成相反的过程。让穷苦人也能富起来，而那些有权有钱的人在一定时候就会失去它所拥有的东西。如果没有天道，现在统治我们的可能还是秦始皇的后裔。还是感谢老天，它给予我们机会，可以有机会改变我们素民卑微的处境；同样，当你飞黄腾达之后，像比尔·盖茨他们，知道回馈社会，其实是在做类似天道之行，那他们就能更长久。

　　一个国家的统治者，其实更需要行天道，也就是损有余而补不足，才可能长久；相反，如果这个统治者是为少数人服务的，代表少数利益阶层去剥削本来就很穷苦的大众，那是逆天而行事，是一定要垮台的。慈禧一生穷奢极侈，不仅不会去关怀劳苦大众，连她统治的大清国的利益也不在考虑之中，一切俱为一己之乐，一人之权。这是因为她命中占禄，禄者自己享受与占有之意，而月令之印，代表着整个国家的资源，满盘禄神泄尽月令之印，最后将大清的基业消耗一空。

慈禧大事年记：

1852年5月，选秀入宫，赐号兰贵人。（大运己丑，壬子流年，子丑引动大运夫星丑与原局夫宫之丑）

1854年，晋懿嫔。（甲寅流年，合运印星亥水）

1856年，生同治，当日晋懿妃。（丙辰年，卯辰穿生子之应）

1857年，晋懿贵妃。（丁巳流年，冲动亥水之应）

1861年，同治即位，被尊为圣母皇太后。8月22日发动辛酉政变，遂掌握最高权力47年。（辛酉流年，大运行至庚寅，官星临绝丈夫死，而寅合亥而制丑，故能掌权。辛酉年杀星到位之应）

1874年，同治帝崩，慈禧太后令光绪继位。（此为卯运甲戌流年，原局丁火子落根于未，卯运坏未，戌年刑未）

1898年9月21日，宣布停止戊戌变法，变法103日，史称"百日维新"。囚禁光绪帝于瀛台。（戌为子星得地，来克亥水，终被卯合而坏戌）

1900年，义和团运动，百万义和团扶清灭洋。慈禧对11个国家下战帖，最终战败。八国联军入京，慈禧太后逃离北京。（甲午大运，甲子流年，冲起大运之午，破卯禄之应）

1908年11月15日慈禧大约在未正三刻逝世。（乙未大运，戊申流年，禄神绝于申）

六、哲人王阳明

中国的明王朝，中后期的皇帝虽然比较荒唐无能，却出现了不少人类文化史上杰出的人才，王阳明无疑是最杰出的一位。

王阳明于明宪宗成化八年（1472年）九月三十日（10月31日）亥时出生于一个书香门第。排四柱为：

```
        年  月  日  时
乾造：  壬  辛  癸  癸
        辰  亥  亥  亥
```

大运：09壬　19癸　29甲　39乙　49丙
　　　　子　　丑　　寅　　卯　　辰

阳明之心学思想精神在于两点："知行合一"与"致良知"。我们看他的命局，满盘亥水比劫，为之"行"，亥中藏甲，甲为伤官主思想，故而知行能合一。亥通天道，壬是天河之水，良知者，天道之精神体现。在阳明看来，良知是易知的，每个人身上天生都有良知，除非是弱智，正常人都知道什么事情是对的，什么是错的，可为什么还有那么多违背良知的事呢，那就是知而不致，知行不能合一。

　　从十二岁就立志做圣人的王阳明，其人生经历可谓不凡。其天赋极高，才学超人。丑运己未年中进士，癸坐杀地，自能出仕，己未冲丑，为应期。然到寅运丙寅年，因主持正义被宦官刘瑾廷杖四十，发配贵州龙场。原局亥入辰墓，是本局之功，寅来合亥，亥被绊而无功。流年丙辛合，印星被坏。

　　龙场，合其辰象，在此终悟得大道。亥为本体，得龙而化，壬坐辰透天，壬一阳统六阴，得道通天之象。寅运一过，庚午流年刘瑾被剐，重入政界。至卯运，得卯辰穿之大功，亥之体生卯而得用，丙子流年，被朝廷重用。先有江西剿匪，后有平宁王之乱，建立奇功。

　　命中辰为湿土，亥为水湿，一片阴湿，无阳暄化，故侵肺为病。他一生都有此病，终于辰运戊子年不治，终年55岁。哲人之逝并未中止他思想的传播，他的弟子门人众多，后来的泰州学派形成对当时的明朝产生巨大的影响，影响波及日本，直到今日。

　　附录今人一命如下：

	年	月	日	时
乾造：	辛	壬	癸	癸
	亥	辰	亥	亥

　　某电视台节目主持人，与阳明命造相较，便无飞流直通天河之磅礴气势。又印星远隔，无职无权了。

七、世纪审判主角辛普森可否再次脱罪

　　1994年，发生在美国的"辛普森杀妻案"曾引发全球关注，在经过一场漫长的"世纪审判"后，前橄榄球明星O.J.辛普森在证据对其极其不利的情况下竟获无罪释放，此案因此成为美国最具争议的案件。13年后，已年届60岁的辛普森又因涉嫌在拉斯韦加斯一家赌场的酒店持枪抢劫而被捕。

警方准备对他提出多项重罪指控。这一次，他依然坚持自己是清白的。

回想当时，1995年10月3日，美国西部时间上午10点，当辛普森案裁决即将宣布之时，整个美国一时陷入停顿。美国总统克林顿推开了军机国务，国务卿贝克推迟了演讲；华尔街股市交易清淡；长途电话线路寂静无声。数千名警察全副武装，如临大敌，遍布洛杉矶市街头巷尾。CNN统计数字表明，大约有1.4亿美国人收看或收听了"世纪审判"的最后裁决。

当法庭宣布无罪时，被监禁九个月的辛普森笑容满面地与他的律师们拥抱，而死者的亲属则失声痛哭。法庭外，支持辛的人大声欢呼，而多数人却惊诧不已。

究竟谁是那场杀妻案的主谋？我们不妨从命理中找一找线索。

```
         年   月   日   时
乾造：   丁   丁   己   甲
         亥   未   丑   戌    时辰是推定的

大运：01丙  11乙  21甲  31癸  41壬  51辛  61庚
       午    巳    辰    卯    寅    丑    子
```

为何推定为戌时，有三个原因：

1. 辛氏是一位橄榄球明星，时上劫财戌是手之意，甲己合，也是此意。戌在命中做功制丑，合于手玩球之象；

2. 妻宫丑未戌三刑，是妻宫犯刑，多婚及妻灾之象；

3. 戌是武库，刑坏丑，主妻凶死。

我们先分析他的经历：出生于一个贫寒的黑人家庭，从1967至1985年间，凭着天赋和不懈努力，终于成为美国最杰出的橄榄球运动员。那时他运行的大运是甲辰与癸卯这二十年。1985年，四十一岁的辛普森走上球坛事业的高峰，被选为职业橄榄球荣誉榜的年度风云人物，在球坛名利双收后，他开始接触影视传播业，那时正行入壬寅大运。

这个四柱是木火与燥土有势制金水的组合。许多学员不懂甲辰运的辰运为何会好，这里的关键在甲字，虽然辰是金水之党，但有甲盖头，辰是被甲控制的意思。辰运冲戌，是戌做动，戌是劫财主手，合乎他的职业运动生涯。如果不是甲辰，而是别的辰运，那这个运就坏了。

癸卯运，癸到丑到，而卯运是将地支亥卯未与戌合成一个党，制丑有功，所以这个大运非常好，功成名就。

壬寅运丁壬合，寅为火之长生，所以进入演艺界。这也是一步很好的大运。但在此运的甲戌年发生凶杀大案，我们从命理的角度分析一下他的婚姻及这次案件的原因。

辛普森的婚姻宫逢三刑，会有严重的婚姻问题。他的第一任妻子是以亥水来看，一表示时间早，二又是在年上主根，所以娶的是一位同根的黑人女孩。但这个亥明显被比肩所争，不是自己的妻子，注定要离婚的。癸卯运的第一年，辛普森的新女友出现并同居，这个癸就是丑，也就是后来被杀害的妮可。由于妮可的出现，第一次婚姻于1979年正式结束。

妮可是白种人，长相漂亮迷人，正是丑中的癸水之象。他们同居八年后于乙丑年结婚，但这次婚姻于1992年壬申年亮起红灯，因为辛普森是有名的花花公子，拈花惹草。因为他运行壬运，丁壬有合，这财星合到命中，桃花运应是非常旺的。壬申年，申代表丑，出现并大运寅相冲，婚姻走到尽头了。寅运，既是命中戌的党，又是未党，这丑土被未戌相夹刑，就在劫难逃了。

甲戌年，原局甲戌到，戌为武库，直刑丑土，妻连同他的男友一起丧命，这个倒霉的男友在辛普森命中应该是寅字，因为有寅丑暗合之象，寅的出现引动丑土，戌刑才会加强。甲戌年寅虚到天，甲己一合，甲坐在戌地，甲主头，戌主刀，身首两分了。

从命中很容易分析出，谋杀案的主谋就是辛普森本人，这甲戌不正是他的手中持有的匕首么？

然而，辛普森能逃脱法律的制裁一定也是命中注定。我们可以看到，因为当时警察的几大严重失误（为什么警察会犯一系列低级的错误，只有天知道),让他的律师钻了法律的空子,一桩杀人案反成了栽赃案,这样,杀人嫌犯辛普森被无罪开释,执法者福尔曼警官却沦为重罪案犯!真不知是美国司法的骄傲,还是它的耻辱?"世纪大审判"留给我们太多的思考,远不是可以用一两句话可以说清楚的。

乙亥年,辛普森行寅运,此运是他的吉运,流年也没有问题,并无牢狱之象,所以可以脱逃法律的制裁。

然而,死罪已逃,活罪难免。杀妻案之后,他本人不再有任何传媒聘用他,美国上流社会拒绝他参加任何活动,朋友都相继离他而去,因为在人们的心中,他就是一个杀妻犯,除了没有收入来源外,他还不得不离开他生活的富人社会。这个时期他行的是辛丑大运,很显然是一步极差的运。

对于已经60岁的辛普森,本命年再次犯案,我们可以从他现在所行的大运分析是否可以被判刑(据最新消息他已被保释出狱)。

庚子伤官大运,这是一个极差的运,伤官克去甲木官星,而子水又合住丑土,子未带穿,原局中的戌、未俱坏,我还是认为,牢狱之灾在此运难免。

补记:2008年12月6日,美国拉斯维加斯地方法院判处辛普森33年监禁,九年内不得保释。

八、阿 炳

一个民间艺人,一个盲人,一个当时社会最底层的流浪者——阿炳,他却又是二十世纪最伟大的音乐家,民族音乐艺术的一个坐标,一座山峰……著名的音乐家小泽征尔听完《二泉映月》后感动得流泪说:这样的音乐要跪着听,要用圣洁的心灵来听!

这是一首生命的绝响,在不同的心境下听,都会有不同的感受。有忧伤,有凄婉,也会有思考与畅想,还会听出一种振奋,一种不折不挠的力量,那是天籁之音。

阿炳，多半生在黑暗与屈辱中生活，他那生命之魂却高尚无比。不知道为什么我会想到这样一个问题：一个世纪，一个中国，出现无数有头有脸的音乐家、教授，还有最高乐府培养出无数的音乐人才，怎么就没一个能及没读过几天书的盲人老头？可就这一盲人老头，他生前可以演奏上百首自创的曲子，可留下来的仅仅六首啊——这六首都成为经典。

这是为什么？上天为何如此不公？我只能答，这就是命！

华彦钧，小名阿炳，生于清光绪十九年(1893年)，无锡县东亭小四房人。后双目失明，人称"瞎子阿炳"。其父华清和为无锡城中三清殿道观雷尊殿的当家道士，擅长道教音乐。华彦钧4岁丧母，由同族婶母扶养。8岁随父在雷尊殿当小道士。开始在私塾读了3年书，后从父学习鼓、笛、二胡、琵琶等乐器。12岁已能演奏多种乐器，并经常参加拜忏、诵经、奏乐等活动。他刻苦钻研，精益求精，并广泛吸取民间音乐的营养，冲破道教音乐的束缚。18岁时被无锡道教音乐界誉为演奏能手。22岁时父亲去世，他继为雷尊殿的当家道士。后因交友不慎，沾染上宿娼、吸毒的恶习，35岁时双目先后失明。

为谋生计，他身背琵琶、胡琴，走上街头，自编自唱，说唱新闻，沦为街头艺人。40岁时，与寡妇董催弟(彩娣)结婚。每天下午在崇安寺三万昌茶馆门前围场演唱。一二八事变发生后，他编唱《十九路军在上海英勇抗击敌寇》的新闻，并用二胡演奏《义勇军进行曲》。在抵制日货的运动中，他用富有激情的语言激发人们的爱国热忱。他的许多新闻唱出了群众的心声，深得市民的喜爱。每天晚上还走街串巷，手操二胡，边走边拉，声调感人。蜚声国际乐坛的《二泉映月》，就是这一时期创作的。日军侵占无锡后，阿炳和董催弟一同到老家避难。不久赴上海，在昆曲班仙霓社担任琴师，弹奏三弦，并在电影《七重天》中担任表演群众角色盲人。这时他创作的《听松》，是一首气魄豪迈、情感充沛的二胡独奏曲，倾吐着不愿当亡国奴的爱国主义热情。民国28年重返锡城，再操旧业。他每天上午去茶馆搜集各种新闻，回来构思创作，下午在崇安寺茶馆门前演唱；夜间在街上拉着二胡，演奏他创作的《寒春风曲》。他的琴艺高超，可将琵琶放置在头顶上弹奏，还可以用二胡模仿男女老少说话、叹息、欢笑以及鸡鸣狗叫的声音。抗日战争胜利后，曾禁止他在崇安寺的固定场所说唱新闻。民国36年，他肺病发作，卧床吐血，从此不再上街卖艺，在家以修理胡琴为业，艰难度日。

1949年4月23日无锡解放，阿炳和他的《二泉映月》等乐曲获得新生。1950年暑期，中央音乐学院师生为了发掘、研究和保存民间音乐，委杨荫浏教授等专程到无锡为他录制《二泉映月》、《听松》、《寒春风曲》3首二胡曲和《大浪淘沙》、《龙船》、《昭君出塞》3首琵琶曲。1950年12月12日病逝，终年57岁，始葬于无锡灿山明阳观旁的道士墓地。1983年10月，重建新墓于锡惠公园映山湖旁。

　　　　　　年　月　日　时

阿炳：**癸　辛　己　丙**

　　　　巳　酉　未　寅　时辰是作者推定的

大运：04 庚　14 己　24 戊　34 丁　44 丙　54 乙
　　　　　申　　未　　午　　巳　　辰　　卯

推丙寅时的理由有二，其一是丙辛相合，丙主名气，合其晚岁成名，死后留名；其二，寅时食神绝地，合其生母早逝。

书曰：火土焦干癸水，双目无瞳。但这句口诀还需要一个条件，就是见丙火或巳火。因为丙是眼睛之象，丙配癸才是瞳孔的意思。四柱一定是焦燥，不仅癸水被焦干，且辛金食神也受了火的欺凌。

阿炳庚申运后，行三十年燥火运，二十岁时患眼疾，到丁巳运时，双目已失明。在街头拉唱，过着流浪生活。直到庚寅年，他的音乐才被录制，就在这一年他离开了人世。乙卯运冲食神，寅是食神的绝地，食神为寿，故这一年成了他生命的终点。然寅是丙火的长生，丙又主名，从此之后，他的声名随着他那首《二泉映月》传遍全球。

说阿炳，使我想起盲师郝金阳与夏仲奇，他们一生浸润于传统文化与艺术，掌握着无与伦比的绝技，都生活在社会的底层。可是，对于易学这一门专门研究宇宙之道的学问，有谁能比他们更理解呢？

九、围棋第一人李昌镐

　　大家有没有发现，围棋的许多术语都与盲派命理的概念有一些相似。比如：气、势、干净不干净、效率等。至于官子与打劫，简直就是直接拿来用的。倒不一定发明围棋的人与发明四柱的人有什么关系，我倒更相信凡阴阳之术，到了它的顶峰都是可以相通的。

　　中国的围棋，是阴阳之学最深刻的体现，它用最简单的规则与元素，演绎世界上最复杂的变化，世界任何棋都没有围棋的变化多。盲派四柱推命何尝不是这样，用最简单的十天干与十二地支二十二个元素，以及简单的几个规则，推演世上的人生百态，苦乐喜悲。推而广之，中国的术数都是这样，如果你学习的东西规则与方法非常的复杂，那你就应当考虑，这种术数可能是伪学。

　　一个围棋高手，他一定是一个阴阳高手。我们看看围棋第一人李昌镐的命理。

```
            年   月   日   时
    乾造： 乙   癸   丙   戊
            卯   未   子   子

大运： 07壬  17辛  27庚  37己  47戊
         午    巳    辰    卯    寅
```

　　辛巳运之辛未年，他16岁，夺第一个世界冠军，此后一发不可收拾，在辛巳大运十年中，拿了数不清的世界冠军。

　　盲派命理看，这是个食神制官的组合，官星虚透被食神合，是主名气之意，未土穿制子水，官星被制，官星又空亡，空就是玄妙之意，故他不入仕途,而是玩玄妙的围棋,成天下官子第一高手。辛巳大运,丙辛合,巳到戊到,大运作原局的功,故雄霸棋坛十年之久。

按理推,一个天下无敌的棋手,刚过三十岁的年龄应该是精力与状态最佳的时候,可当行入庚辰运的辰运,这个运是子水入墓,戊土无法制水的运,所以近两年开始莫明其妙的输棋,他最拿手的官子功夫,在他中盘占优势的情况下,常常反被别人尾盘取胜。时也、命也、运也。

可以推知,李昌镐的全盛时代已成过去,在未来的大运,除了戊运还有一搏外,再无当年的辉煌了。他将成为继吴清源之后的又一个围棋史上的传奇,彪炳史册。

李昌镐学棋时有一段故事,他曾师从韩国的七段棋手田永善。田的棋风是猛烈进攻,鬼手迭出,妙手横飞,擅用各种怪着、险着。李昌镐跟他学几年,无半点"进步",下棋依然是规规矩矩,本本分分,可田已经无法赢他了。老师教的学生虽然进步很大,却一点不像自己,估计心中也很不是滋味,只好介绍他跟曹薰铉学棋。就好像金庸的武侠故事一样,一个绝顶的高手根本不用使招,天生就懂得围棋之"道"——只是在无形之中,凭着那一份本分与执著,完成自己对黑白阴阳世界化境般的诠释。

十、投机组合——巴菲特命理分析

一个杭州的朋友做房地产赚了几千万,却因做期货亏了不少钱,在这之前,他让我推命,我说你的命不适合做风险投资,适合做传媒或广告之类的事。结果不幸言中,风险投资巨亏。

他的命理组合是:

```
        年  月  日  时
乾造:   丁  辛  乙  戊
        未  亥  酉  寅
```

大运：03 庚　13 己　23 戊　33 丁　43 丙
　　　　戌　　酉　　申　　未　　午

未为财星，拱到宾位的印星，主位杀星生印，为公家赚钱。到丙戌年穿倒酉金，自己下海，寅入未墓，合伙赚钱，未主地产。现在换到丙运，地产不能再做了，丙能生戊，利做传媒、广告。伤官大运不利投机，投机行业必须与劫财有关，伤官与食神都是泄劫财的，只能做正当生意赚钱。

在深圳遇一女命，她说自己近几年靠炒外汇赚不少钱。炒外汇的很多，能赚钱的太少了，那不一定是个技术的问题，更多的是需要有命。

　　　　　年　月　日　时
　坤造：甲　壬　壬　癸
　　　　寅　申　寅　卯

大运：07 辛　17 庚　27 己　37 戊
　　　　未　　午　　巳　　辰

现行己巳运的巳运。原局申冲寅，申带比肩，冲制寅木，大资金进出之象。大运行巳，巳财穿到寅木而合到申金，穿到宾位的寅，别人破财，自己合而得财，所以是炒汇的意思。期货与股票又不一样，自己赚的钱一定是别人损的财。巳为桃花，男朋友帮赚钱。

受这个命局的启示，我找到巴菲特四柱的时辰。

巴菲特生于1930年8月30日，推其为寅时。

　　　　　年　月　日　时
　乾造：庚　甲　壬　壬
　　　　午　申　子　寅

大运：03 乙　13 丙　23 丁　33 戊　43 己　53 庚　63 辛　73 壬　83 癸
　　　　酉　　戌　　亥　　子　　丑　　寅　　卯　　辰　　巳

按此四柱分析，子午相冲，是为制财，寅申相冲，是为制财与财之原神。枭劫为常人所忌，而他却为喜，天干还逢枭食夺食。所以，他的投资理念，正与常人相反："在别人贪婪的时候恐惧，在别人恐惧的时候贪婪。"这种四柱组合不管行什么大运，都将立于不败。行亥子丑运，帮起比劫与枭神，吉；行寅卯运，又是所制之神到位，而天干逢庚辛，也为制之，又吉。壬辰运日主自己到运，三合劫局，又能赚钱，真是一个绝妙投资组合的四柱。

巴菲特投资简历：

1957年，巴菲特掌管的资金达到30万美元，但年末则升至50万美元。（入亥运丁酉年，丁壬合，财星合到自己。）

1962年，巴菲特合伙人公司的资本达到了720万美元，其中有100万是属于巴菲特个人的。当时他将几个合伙人企业合并成一个"巴菲特合伙人有限公司"。最小投资额扩大到10万美元。情况有点像现在中国的私募基金或私人投资公司。（转戊运壬寅年，时柱壬寅到，寅申冲的应期。）

1964年，巴菲特的个人财富达到400万美元，而此时他掌管的资金已高达2200万美元。

1966年春，美国股市牛气冲天，但巴菲特却坐立不安，尽管他的股票都在飞涨，但却发现很难再找到符合他的标准的廉价股票了。虽然股市上疯行的投资给投机家带来了横财，但巴菲特却不为所动，因为他认为股票的价格应建立在企业业绩成长而不是投机的基础之上。丙午年，财星到，子午相冲。

1967年10月，巴菲特掌管的资金达到6500万美元。

1968年，巴菲特公司的股票取得了它历史上最好的成绩：增长了46%，而道·琼斯指数才增长了9%。巴菲特掌管的资金上升至1亿零400万美元，其中属于巴菲特的有2500万美元。

1968年5月，当股市一路凯歌的时候，巴菲特却通知合伙人，他要隐退了。随后，他逐渐清算了巴菲特合伙人公司的几乎所有的股票。（戊申年，寅申冲的应期。)

1969 年 6 月，股市直下，渐渐演变成了股灾，到 1970 年 5 月，每种股票都要比上年初下降 50%，甚至更多。

1970 年~1974 年间，美国股市就像个泄了气的皮球，没有一丝生气，持续的通货膨胀和低增长使美国经济进入了"滞涨"时期。然而，一度失落的巴菲特却暗自欣喜异常，因为他看到了财源即将滚滚而来——他发现了太多的便宜股票。(己酉、庚戌、辛亥、壬子、癸丑，五年行水运中的金水流年，四柱做不到功。戌年有火，但火库不开。这几年正是他寻找投资品种的好时间。1974 年甲寅，寅申冲，可有大财。)

1972 年，巴菲特又盯上了报刊业，因为他发现拥有一家名牌报刊，就好似拥有一座收费桥梁，任何过客都必须留下买路钱。1973 年开始，他偷偷地在股市上蚕食《波士顿环球》和《华盛顿邮报》，他的介入使《华盛顿邮报》利润大增，每年平均增长 35%。10 年之后，巴菲特投入的 1000 万美元升值为两个亿。

1980 年，巴菲特用 1.2 亿美元、以每股 10.96 美元的单价，买进可口可乐 7 % 的股份。到 1985 年，可口可乐改变了经营策略，开始抽回资金，投入饮料生产。其股票单价已长至 51.5 美元，翻了 5 倍。至于赚了多少，其数目可以让全世界的投资家咋舌。(1982 年他进入庚寅大运，寅申相冲，做功最大，资本增长也最快。)

1992 年中巴菲特以 74 美元一股购下 435 万股美国高技术国防工业公司——通用动力公司的股票，到年底股价上升到 113 元。巴菲特在半年前拥有的 32200 万美元的股票已值 49100 万美元了。遇壬申年，寅申冲之应。

1994 年底已发展成拥有 230 亿美元的伯克希尔工业王国，它早已不再是一家纺纱厂，它已变成巴菲特的庞大的投资金融集团。从 1965~1998 年，巴菲特的股票平均每年增值 20.2%，高出道·琼斯指数 10.1 个百分点。如果谁在 1965 年投资巴菲特的公司 10000 美元的话，到 1998 年，他就可得到 433 万美元的回报，也就是说，谁若在 33 年前选择了巴菲特，谁就坐上了发财的火箭。

2000年3月，巴菲特成为RCA注册特许分析师公会荣誉会长，巴菲特在伯克希尔公司的网站上公开了今年的年度信件———封沉重的信。数字显示，巴菲特任主席的投资基金集团伯克希尔公司，去年纯收益下降了45%，从28.3亿美元下降到15.57亿美元。伯克希尔公司的A股价格去年下跌20%，是90年代的唯一一次下跌；同时伯克希尔的账面利润只增长0.5%，远远低于同期标准普尔21的增长，是1980年以来的首次落后。

2004年8月26日，巴菲特的夫人苏姗·巴菲特在与他一起看望朋友时，突然中风去世。巴菲特夫妇于1952年结婚，但两人自1977年起开始分居，此时苏姗从他们的家乡迁往旧金山，往音乐事业方向发展。两人从未宣布要离婚。两人常在一起旅行，苏姗也常出席在他们的家乡Omaha举行的公司股东大会。

2007年3月1日晚间，"股神"巴菲特麾下的投资旗舰公司——伯克希尔公布了其2006财政年度的业绩，数据显示，得益于飓风"爽约"，公司主营的保险业务获利颇丰，伯克希尔公司去年利润增长了29.2%，盈利达110.2亿美元（高于2005年同期的85.3亿美元）；每股盈利7144美元（2005年为5338美元）。

1965~2006年的42年间，伯克希尔公司净资产的年均增长率达21.46%，累计增长361156%；同期标准普尔500指数成分公司的年均增长率为10.4%，累计增长幅为6479%。

十一、投机组合——最伟大的交易

许多人都知道量子基金管理人索罗斯的名字，因为他曾在1997年金融危机时，横扫整个东南亚，搞垮泰国、马来西亚经济，在这之前，还曾有阻击英镑几天内狂赚十亿美元的记录。然而，如果你可知道还有一个人，在2007、2008金融危机中，掘金三百亿美元，他管理的对冲基金翻了N倍。他就是创造华尔街财富神话的约翰·保尔森，索罗斯当年的经历，就太小菜了。

当全世界都因为金融危机恐慌、损失、痛苦时，他领导的基金与投机者们，却在这场危机中斩获巨大，因为他做空了华尔街。

约翰·保尔森，生于1955年12月14日，推其为戌时。

	年	月	日	时
乾造：	乙	戊	己	甲
	未	子	酉	戌

大运：02 丁亥　12 丙戌　22 乙酉　32 甲申　42 癸未　52 壬午

跟巴菲特不同，保尔森的命局组合更像一个围猎场，这个"猎头"指挥着整个围猎过程：己土日主，见年上未，月上戊，时上戌，将子水酉金紧紧围住，未来穿制子，戌来穿制酉，财与财的原神同时被制，财富级别可见一斑。

甲戌年创立自己的对冲基金，打拼了很多年，在华尔街一直默默无闻，这缘于大运不利：甲申运没什么明显的功，虽生起子水，但甲与戊不和，劫财受制。癸未运，子水虚跑了，未又刑坏戌，直到壬午大运的壬运到来，根据多年从事金融衍生工具的投资经历，他发现华尔街已经制造的巨大泡沫，风险已迫在眼前，创立了两只基金，做空投行。

这真是天赐良机，壬午大运壬到被戊克，而午火，正好既合未，又合戌，将本来相刑的两个土全搞在一起，共同对付眼前的猎物。丙戌年正是布局的好机会，尽管这一年他先遭受损失（酉反穿戌的原因），但他顶住压力，坚持到华尔街倒下的那一天，丁亥、戊子，这猎物终到位，一举收获！！

我们再看他的前辈索罗斯的命局：

索氏生于1930年8月12日，推其为未时：

```
       年  月  日  时
乾造： 庚  甲  甲  辛
       午  申  午  未
```

大运： 09乙 19丙 29丁 39戊 49己 59庚 69辛
　　　 酉   戌   亥   子   丑   寅   卯

十神中，除比肩劫财可以做投机行为，七杀也主投机。他是一个蹩脚的哲学家，却是一个伟大的投机家。伤官成势，而合劫刃之库，这伤官本主思想，却因为一合而不再是空想，付诸于行动。原局制七杀申金，制之干净，功力十足。

己丑大运，戊午年创办量子基金，己丑十年，成为华尔街成长最快的基金之一。因己丑为申金之党，丑未冲甲己合，俱是制之而做功，功量非常大。

庚寅运运动火力，冲击申金，功量依然很大，到丁丑年，又见申之库到，被未所冲制，亚洲金融危机四处狙击，创造财富神话。

然1998年后进入辛运，投资欧元失败，进入俄罗斯市场亏损，损失惨重，从此退休。非自己无能，实在是时运不济也。

甲木喜庚而怕辛，原局有辛，怕辛到损局。一生制鬼者，终被鬼伤，还好，能激流勇退，颐养天年。

十二、象说牛顿与爱因斯坦

命理学具有超凡的类象能力，将人生的各种事项能比较完整的表达出来。但这需要命理师的解读。一个人一生从事什么，他能有多大成就，全在命局中有所体现。我们今天想通过牛顿与爱因斯坦两位伟大科学家的命理，理解他们为什么会有如此伟大的成就，以及命理象法的玄妙。

```
         年   月   日   时
牛顿：  壬   壬   庚   庚
        午   子   子   辰
```

牛顿作为经典物理学的奠基人，一生的科学贡献主要有三：1. 提出牛顿三大定律；2. 万有引力定律的发现；3. 创立微积分学。

我们用干支象的原理，来体会牛顿的这些伟大发现。

牛顿理解了物理学中的力，他用速度、加速度、质量来描述物体的运动与力的关系。力是什么？在命理中，相冲就是一种力的作用。质量是什么？五行中以金为重量的含义，水为流动的含义。他的四柱中用子水表示运动，用庚金表示质量，用子午冲表示力。时支的辰是什么含义？因两子要入辰墓，辰是收子水的，其象为力的吸引或者收敛。牛顿的这些发现都可以用四柱的象来描述：

1. 子午冲为作用力，但两子冲一午，平衡就破坏了，就是加速度的意思。庚子象就是一个带质量的物体的运动，它与作用的力有相关性，$F=MA$方程就出来了。

2. 两个带质量的物体间存在引力，这就是万有引力。命中两个庚，就象是两个带质量的物体，庚辰之象收子水，就是一个吸引另一个的意思。它们之间的数学关系是：$F=Gm_1 \cdot m_2/R^2$，这里的 F 还是子午冲。牛顿是思考苹果为什么会落地，月亮为什么不掉在地球上而想到万有引力的。庚辰显然是不动的地球，而庚子则是运动的月亮，子水表示圆或环绕的意思，因为月亮的圆周运动的离心力，正好与引力相平衡了，所以月亮掉不到地球上。四柱中正好体现辰墓子的引力与子午冲的离心力。

3. 微积分一个重要的概念就是收敛与极限，也就是无穷小。子是至阴之阳，是微小的意思。壬子水多重就是积的意思，那子入辰墓就是收敛之意了。与莱布尼兹对微积分的发现是基于几何不同的是，牛顿微积分的发现是基于解决运动与力学问题，他将积分称"流数术"，更体现子午相冲之力与运动的内涵。

牛顿四柱以伤官制官作为他命局做功的核心点。伤官为心智，子水伤官更体现他对物理世界根本问题的思考，而子冲午是他的思想目标，他并不是流于空想，而是着重解决具体的问题，且一定要解决彻底。他的科学成就改变了人们对世界的理解，他之后开创了一个全新的科学时代。

	年	月	日	时
爱因斯坦：	己	丁	丙	甲
	卯	卯	申	午

如果说牛顿理解了力，那爱因斯坦可以说理解了光。他一生的主要物理学贡献都与光有关。他主要的科学发现是：1. 光量子学说；2. 狭义相对论与广义相对论，这是他最重要的革命性的发现；3. 质能方程：$E=MC^2$。

光是什么？我们看到的阳光、灯光、星光都是光，但我们看到的只是光的现象，不是本质，爱因斯坦看到的是光的本质。光传播与物体的运动不同，因为它不像物体运动那样需要力的推动，也不像波的传动需要介质，光运动速度是不变的。这与牛顿力学的相对速度概念就完全不同。爱因斯坦为什么能发现这些问题，我们分析他的四柱：

丙丁火表示光，卯木为柔软之木，表示波动、弯曲，是丁火的原神，可以表示光速 C；丁卯是光速之意，己与丁相通，甲己遥合，己卯是指物体近光速运动的状态；甲午时午中含丁己，他把丁己两象统在一起了，就是物体在近光速运动时出现的状态，以此建立了狭义相对论。

申金是重物，是一种有形的可见的东西，在这里临空亡了，就可以理解成粒子，卯申暗合，这样光的波粒二相性特征就表露无遗；丙申一柱就是光的量子性质，也就是说光不是连续的，而是一份一份的，象光包，这是爱因斯坦的一个重要发现。

相对论指出，速度、时间、空间、引力、质量存在相关性，比如广义相对论指出光线在引力场中弯曲。爱因斯坦的这个推论当时科学界没有人相信，直到1919年5月，经过一次全日食的观察证实之后，他的相对论才在科学界引起轰动，被称为"人类思想史中最伟大的成就之一"。我们不妨用四柱象法分析这一科学实证过程：

丁火为微光，可表示远方的星光；丙火为太阳。丙坐申是指太阳质量下的引力场，丁坐卯，卯申暗合，就是星星之光会在太阳引力场中弯曲。但这种现象不容易观察，因太阳光太强，丁在丙之下是看不到的。1919年5月是己未年己巳月，己丁一家，晦去丙火之光，这一理论才被实证。

最后就是 $E=MC^2$，E 是能量，局中的火都是能量，M 是申金，C 是卯木，正好两卯合申，不就是 C 之方么？

十三、量子力学之父——玻尔

如果让我选择生于历史哪个时代，我最想出生的年代是上个世纪的初期。那是一个科学创新与思想大变革的时代，相对论与量子力学的兴起彻底改变了人类对这个世界的看法，产生了一大群科学的巨人，玻尔正是这一群体科学巨人中最杰出的一位，还有：爱因斯坦、普郎克、卢瑟福、德布罗意、薛定谔、海森伯、玻恩、诺依曼……所有这些伟大的名字，用他们天才般的智慧，引领我们探知宇宙的秘密，开启人类认知世界之大门。

玻尔生于1885年10月7日出生丹麦哥本哈根，推其时辰为午时。

	年	月	日	时
乾造：	乙	乙	乙	壬
	酉	酉	未	午

大运：	甲	癸	壬	辛	庚	己	戊	丁
	申	未	午	巳	辰	卯	寅	丑

玻尔在上学时，是个数理天才，但对文学写作却一窍不通。推其午时，表示文学才能的食神午火被壬水所压，又午未合入墓中了。

玻尔对量子力学的重要贡献，是他领导的哥本哈根学派，完成了对量子力学整个学术体系的构架与诠释，解决了量子波与粒子一对无法调和的矛盾，提出互补原理。他非常推崇中国的阴阳图，这在他四柱中也有所反映：壬为阴，午为阳；乙为波动性，酉为粒子性；乙木化为午阳，化形为气，酉金化为壬水，也化形为气；壬午自合，阴阳相合，示为互补。在量子世界中，存在的不是实体，也就是说，并不存在实体的量子，它们只存在于波函数的几率之中，这就是所有的形都要化成气来理解。

量子力学提出的问题不仅仅是一个科学问题，最后成为一个认识论的哲学问题。这就是非常著名的玻尔与爱因斯坦关于宇宙规律是不是严格的决定论的争论。波函数能完整地描述量子，却存在一个不确的几率，所以准确描述量子的行为是不可能的。爱因斯坦不满足于这种不确定性，提出EPR佯谬说，这个佯谬后来经过贝尔的推衍，出来一个贝尔不等式，随着技术的进步，终于在1969年可以用实验方法检验谁是对的，结果证明玻尔是对的。这意味着存在一个量子幽灵，不确定、不可知、几率幽灵，我们人类所能观测到的只是量子波函数的坍缩，——这是随我们的意志或者意愿来确定的！

一个似乎并不"科学""客观"的量子，正是玻尔当年创立量子图景。

从玻尔的命理中，能否寻找到量子的踪迹呢？壬水为数字，在天干之象中，也表示云，正是那个波函数。前边述过，量子不是实体，而是一个数学函数，那个午火是食神，表示人的思想或意志，因为是火，也可以表示观测，壬午自合，这个象征量子的波函数"壬"在人类的观测中坍缩。午火正巧临于空亡，空亡又主虚无，也主神秘性，正是这种不可思议的神秘的量子幽灵，才完整地符合着量子的所有规律。

最后，我记录几句著名的对话：

爱因斯坦：玻尔，亲爱的上帝不掷骰子！

玻尔：爱因斯坦，别去指挥上帝应该怎么做！

霍金（当代物理学家）：上帝不但掷骰子，他还把骰子掷到我们看不见的地方。

十四、苹果之父乔布斯

记得在90年代初，我看过一本有关美国硅谷创业故事的书，书名忘了，但情节还记得很清楚。当年个人电脑的发明人乔布斯、沃兹在汽车库创业的经历，被看作那个激动人心的电脑技术时代的传奇，当然还有英特尔、微软、IBM，还包括早已被人遗忘的仙童公司——这个由斯坦福大学科学家肖克利创办的公司，在那里孕育了当时最先进的人才与技术，最后，她自己却破产了。

当春天来临时，所有的花都会同时开放。用这句话来形容一个时代，真是太恰当了。乔布斯有幸成长于那个时代，他同其他伟大的天才们，共同引领、开创了改变世界的新技术产业，那是美国硅谷的春天，那个时期的技术创新至今依然影响着我们的生活，直到今天的IT。

乔布斯生于1955年2月24日，我推其为寅时。

```
        年   月   日   时
乾造：  乙   戊   丙   庚
        未   寅   辰   寅
```

大运：07丁　17丙　27乙　37甲　47癸　57壬
　　　 丑　 子　 亥　 戌　 酉　 申

乔布斯是一个私生子，出生后被一普通家庭收养。这在命中明显标志：印星坏了食神，母不养，原局乙木克坏戊土之故；而八字财星临绝，官杀星入墓，表示他与生父无缘。

乔布斯小的时候是个问题少年，有一段时间还吸食大麻，早恋，同居，未婚生子，玩世不恭又才智超群。这统统缘于四柱中的伤官，印星寅木又入伤官之墓，印主学业，未读大学，早早辍学。但他能自我修正而走上正道，正是依靠他命中的食神辰土,辰临空亡又表示宗教信仰,他是一个虔诚的印度佛教徒,1972壬子年,引通辰土而信仰宗教,从此彻底改变了过去的生活。

子运丙辰年,他与沃兹在一间汽车库里创建苹果公司,并设计出第一台苹果电脑,至1980年庚申年苹果公司上市,年仅26岁的乔布斯与沃兹一夜成为百万富翁。缘于引出官杀库之水,子未穿而为功。

个人电脑的诞生从此改变人类的生活方式,做为个人电脑之父的乔布斯,命中是否有这样的显示呢?当然会有。

乙木为线,未为集成电路,表示主板;月令戊寅为动力也主心脏,表示CPU;时上庚寅为头脑记忆,表示内存;寅入未墓,未入辰墓,辰中含有子,子为转动,也有数字之意,表示硬盘,辰为食神主思想,也可以表示软件或操作系统;丙为显示器,一切为丙服务。整个一台电脑完整呈现出来。

可以认为他就是为电脑而生的人,这样一位天才的设计家,在今后的运途中并非一帆风顺,而是充满传奇。

1981年,他进入乙运,这步运是杀星被泄的大运,意味财富的严重损耗,而命中戊土被乙克坏,戊等于辰,所以这步运会遭受一次严重挫败。乙丑年,由于他与当时的CEO出现分歧而被苹果公司董事会解雇,他一气之下出售了苹果所有股票,只保留了一股,以方便接受公司的利润报表。

此后他并没有停止自己的技术创新,而是创办了NeXT公司,这个公司相当于他的寅木,因寅木受大运亥水之生,连甲戌运之甲,都是寅木之气。最后这个NeXT公司被苹果公司收购(寅入未库之象),时隔十二年的丁丑年,他重新执掌苹果,此时的苹果已经到了快破产的边缘。

此时,大运已进入戌运,此运冲开辰土杀库,巨大的能量得以释放。苹果再度崛起,新产品不断推出,属于乔布斯的苹果大放异彩。

灾难又一次降临于2004甲申年,医院查出他患上胰腺癌,这种九死一生的重病却并没有将乔布斯打垮,他奇迹般地度过了危险,重新站起来。他自己说,是佛教给予他神奇的力量,我们从命局中看,他大难不死,也是因为辰土食神未坏之原因。酉适合辰,辰得到保护。

2011年，乔布斯行入壬申大运之辛卯年，壬水直克日主丙火，日主依托的辰土食神被流年卯木穿倒，生命走到终点。10月5日这位伟大的天才与世长辞，终年57岁。

十五、教父马云

著名经济学家茅于轼说过一句话让我印象深刻：过去都以为是劳动创造财富，其实是交换创造了财富。想想也是，过去农业学大寨工业学大庆时，人们劳动多辛苦啊，还没饱饭吃，没东西用，现在好了，劳动人口少了，日子反而好过了。再想想哪些人最富？是在一线劳动的工人农民吗？当然不是，最富的人一定是搞交换的。我们今天讲的主人公，是创造财富最快最多的一位，他就是阿里巴巴创始人——马云。

他搭建了全世界最大的交易平台，也使无数企业与商家找到自己的用户，减少了中间环节，节省了商铺成本，打造了一个超级消费平台，并创造了无数的就业机会，使天下没有难做的生意。旗下有阿里巴巴、支付宝、淘宝、阿里妈妈、1688等，年交易额超过二千亿元。实现这样的成就，仅仅用了十年的时间，更让我敬仰的是，马云与他的企业，是在互联网时代的一个里程碑，因为电子商务的成功，第一次使中国本土企业，站在世界IT领域的前沿。

令人难以置信的是，这样一个IT业的领袖，居然对互联网技术"一窍不通"，他除了会浏览网页与发送电子邮件外，什么都不会。一个"菜鸟"级的人物，如何成为电子商务的教父？其中的奥秘在哪里呢？让我们从命运说起。

马云生于1964年10月15日，推其为申时。

```
      年  月  日  时
乾造： 甲  甲  丁  戊
      辰  戌  酉  申
```

大运： 08乙 18丙 28丁 38戊 48己 58庚 68辛
　　　　亥　　子　　丑　　寅　　卯　　辰　　巳

这是一个特别奇妙的组合，马云为我们贡献的不是技术，而是思想，这个思想正是戊土，而且是一种具有超前意识的创意思想。我们在他的命局中找到那个电子商务的平台，那就是"戌"，这个戌是从戊那里转化而来的，这个戌是他的构划，却不是他的作品，因为酉戌穿的原因，他对电子工程技术方面一窍不通，据说在高考中数学成绩只得过1分，也是因为酉戌之穿，戌主数学。

他知道要干什么，但不清楚怎么干，他的工程师们知道怎么干，但不知道要干什么。搞成"戌"，剩下的就是交易了，辰戌之冲，官杀库带财冲戌，表示海量的交易；两甲相连，连接供需，甲为印主协议，建立诚信与公平无欺之意，电子商务的成功很大程度上取决于这一点。

丑运始，因为一个偶然的原因涉及了解互联网，丙子年开始创办中国第一家互联网商业信息发布网站"中国黄页"，没有成功。丑运己卯年，创立阿里巴巴，卯戌合之应。庚辰年，海外风险资本进入，公司开始扩张。在这之前的失败，是因为他没有找到最合适他发展的那个"戌"。

进入戊寅大运，是公司高速成长的时期，从2002年开始赢利，从百万会员，到每天收入百万，到每天赢利百万，再到每天纳税百万，一年一个变化。这个戊寅大运，甲印得禄，在辰戌相冲的基础上，加一层寅申冲，正是这两冲，激活命局的全部能量，使他旗下的企业，迅速扩展，成为又一个互联网的传奇。

从辛卯年开始进入己卯大运，己运合甲，又会有新的并购与扩张，但速度会缓慢。后一个十年能稳步发展，直到庚辰大运，他会选择退休。

十六、帕瓦罗蒂——大师殒落

这是一位天才歌唱家，即使你不懂歌剧，不喜欢美声，但你不可能不知道他的名字。他的歌声充满激情，他把自己的艺术表演带给了那些从来不进歌剧院的人，没有哪位古典乐歌手有他的这份能力和勇气。但这位伟大的音乐天才离世了，整个世界也对这个有着天籁般嗓音和非凡魅力的男人充满无限敬意。但愿天堂里也有音乐。

今录四柱，以表纪念。

1935年10月12日，卢切亚诺·帕瓦罗蒂生于意大利摩德纳市。

帕瓦罗蒂有着一副天生的好嗓子，自幼就与歌声结伴，1955年，19岁的帕瓦罗蒂开始学声乐。

1961年，25岁的帕瓦罗蒂在阿基莱佩里国际声乐比赛中，因成功演唱歌剧《波希米亚人》主角鲁道夫的咏叹调，荣获一等奖。

帕瓦罗蒂的真正成名应该始于1963年，他因在英国伦敦皇家歌剧院顶替前辈大师斯苔芳诺演出而大获成功，1964年他进入名耀世界的米兰斯卡拉歌剧院，从此一举成名。

1972年，他在纽约大都会歌剧院与萨瑟兰合作演出了《军中女郎》，在演唱剧中的一段被称为男高音禁区的唱段《啊，多么快乐》时，帕瓦罗蒂连续唱出9个带有胸腔共鸣的高音C，震动了国际乐坛。

此后地位无人能取代。

	年	月	日	时
乾造：	乙	丙	辛	癸
	亥	戌	酉	巳 时辰为推定

大运： 01乙　11甲　21癸　31壬　41辛　51庚　61己　71戊
　　　　酉　　申　　未　　午　　巳　　辰　　卯　　寅

这是一个金水伤官喜见官的四柱组合。但更重要的是，他天才般的嗓音来自火金组合，即：火金相克主声音，况且金逢空亡，如同洪钟一般响亮。再加上水能润金，使金不燥，所以他的声音不仅嘹亮浑厚，而且华美绚烂，极富感染力。

我们看他的大运,从 1955 年行入癸未运,进入南方火运,癸水食神到位,正应他歌唱生涯的开始。行到未运时,刑开戌中之火,使巳火不入戌墓,火主名气,一发不可收拾。

然而,行入戊寅运,是日主辛金之绝地,且癸被戊合去,癸水不能制巳,使火来克日主;丁亥这一年,因寅与亥合,引动寅木,不幸与世长辞。

命中年上乙亥为原配之妻,原局受戊土之克,戌穿酉,使酉不能生亥,这是他第一次婚姻离异的原因。行卯运,冲去妻宫,甲戌年,正应卯戌合,这一年因为绯闻与妻子闹离婚。庚辰年,亥水入墓,正式结束他与前妻三十九年的婚姻。

他的第二任妻子便是小他三十五岁的曼托瓦尼小姐,这便是他命中的癸水。人们都说他晚节不保,一场婚外恋情毁了他的家庭,殊不知,命中注定的缘分是无法逃脱的。壬申年,23 岁、姿色骄人的经济系女大学生曼托瓦尼成了他的秘书,从命理上看,癸酉年,也就是第二年,他们之间就从工作关系发展为情人关系了,直到甲戌年被媒体曝光。

命中时上巳火官星,是他第二任妻子生的的小女儿。因巳酉半合,可以看得出,他非常喜欢这个孩子。

十七、迈克尔·杰克逊

2009 年 6 月 25 日,这位伟大天才歌手,流行音乐之王突然离开人世,全世界欣赏他音乐的人们,都感到震惊与悲伤。我们有幸查到他准确的出生时间:1958 年 8 月 29 日中午 12:13 生于美国 印第安纳州 加里市 Jackson 街 21 号 (Gary, Indiana, USA),共有八个兄弟姐妹。其四柱排出如下:

	年	月	日	时
乾造:	戊	庚	戊	戊
	戌	申	寅	午

大运：03 辛　13 壬　23 癸　33 甲　43 乙
　　　　酉　　戌　　亥　　子　　丑

　　命理学的看命原则，与生活的原理是一样的。一个四柱的好坏，要从原局出发分析，原局就好像先天造就的车子，一辆奔驰车的品质与小骡车是有天壤之别的。当然这并不能保证奔驰车永远会比小骡车行得快，要看遇上什么样的交通环境；也不能保证奔驰车就一定比小骡车寿命长，这要看如何使用它们的。可是，如果你忽视它们之间的区别，或根本就看不到它们的区别，就不能真正理解四柱。

　　迈克尔·杰克逊命造是一个非凡的组合，戊土日生于秋天，正所谓秋土气薄，土气凉爽而浊降，最喜得正午阳光照耀，而更吉在于寅午戌三合火局，群升而配独降，群阳而配独阴，造化之妙哉！

　　庚申食神空亡，金空则响，加之寅申之冲，如空钟遇木撞，其声宏缭绕，天生音乐之才。配以三戊占全局，我之身影无所不在，三合火局而成势，气势夺人。火主传播，影响遍及全球。

　　23 岁后，行北方运，引通庚申金之气，金水连环而与原局旺火相激，始成就流行音乐之霸主，无人可匹敌。43 岁行乙丑运，乙庚相合，申金入墓，隐退之象；乙木官星搅局，癸未、甲申、乙酉年为亵童案搞得心力交瘁。

　　流年己丑，庚申入墓于岁运，诀曰：食神入墓寿难逃，信矣！丑午相穿，推其心肺病合并症而死。

十八、李嘉诚的命理解析

　　华人首富李嘉诚先生坐拥数千亿资产，是当之无愧的华商领袖。大家对他的成就都如数家珍，津津乐道，但就命理而言，我还是那句话："一切都是命。"

李嘉诚先生的命局最能体现命理的做功层次。什么是做功的层次呢？这是一个太专业的问题，只有学习"盲派命理"后，懂得什么是四柱的"功"，才可以理解层次的问题，我这里只能通俗地简述一下。

富贵的命都有等级，等级怎么体现呢？可以将社会想成金字塔结构，这种结构在命理上只有四到五层，也就是顶层最高也只有五层，我们将之称为四层或五层功，这是最高功级，如果一个四柱能做到四到五层功的话，他为贵一定是帝王，为富就是像李嘉诚一样的超级富翁。

李嘉诚生于1928年7月29日亥时。

```
        年  月  日  时
乾造：  戊  己  庚  丁
        辰  未  午  亥
```

大运：03庚 13辛 23壬 33癸 43甲 53乙 63丙 73丁 83戊
       申   酉   戌   亥   子   丑   寅   卯   辰

他的做功核心点是亥水，亥是财与财的原神，在时支被围而制之，所以他主的是富而不是贵。亥水被制就是两层功，除此之外，亥出于辰又加一层，而己未一柱又入墓于辰，又将辰的能量提升一层，共四层功。

一个富命如果能很好的做到一层功，可以有百万；二层功就可以达到数千万到亿级别；三层功就一定是数十亿到百亿级别；四层功就是千亿级别了。

一个贵命，一层功做的好可为处级；二层功就是厅级；三层功可为部级或副总理级；四层功就可为帝王了。

李嘉诚命局的每一个字都有功，看他的事业只要不行反局大运，则都是吉运。我们从壬戌运开始，到现在的丁卯运，六十年行运皆吉。唯有丑运有丑午穿倒妻宫之凶，结果丑运最后一年己巳年子月，爱妻庄月明不幸离世，给他带来巨大的伤痛。大运丑午穿了妻宫，而流年巳亥冲了妻星，宫星俱损，克妻之应啊！

他的妻星亥与妻宫相合，不仅表示婚姻感情甚好，而且情感专一。当时李嘉诚也才60出头，身体硬朗，精神奕奕，又是富豪，因此不乏主动示爱的美女。香港不少富商都以绯闻为荣，但李嘉诚始终如一块白璧，从未有过绯闻。直到1992年，结识周凯旋，也许这位商界奇女的才干、细心与关爱打动了李嘉诚。她成了他的红颜知己及得力助手，在许多重要的场合，出现他俩恩爱亲近的身影。

许多学员会问，这位知己在李嘉诚命中，是哪一个字体现呢？既然亥水已是他的前妻了，还有哪个字可以表示异性知己？

其实，大家细看就会明白，这个亥字里边有遁藏，一个是甲木，一个是壬水。很显然，壬水食神星落入子女宫，是表示小自己很多的女性，周女士小他33岁，正合此象，寅运，寅亥合，寅午拱到，就表示同居之象。

当记者问及李嘉诚"有没有想过再婚"时，他斩钉截铁地说："没有。"至于为何没有这念头，他先回应这是私人问题，其后补充了一句："不会。"其后李嘉诚突然重提再婚一事。他说："刚才谁问我结婚的事？其实这是我personal（私人的）的事情，没有道理要答复你。"虽然这样说，但经不起在场女记者的追问："因为我关心你嘛。"李嘉诚轻松地说："或者有一日我change my mind（改变主意）……"

从李嘉诚先生语气中，他并不排除再婚的可能。但是如果从命理分析，得到的答案应该是：李嘉诚不会再婚。

因为他已行入卯运，这个运又破婚姻宫，再婚的可能几乎没有。

十九、罪恶的银行家

宋鸿兵《货币战争》一书，揭开一个惊人的，闻所未闻的金融黑幕。请允许我将以下内容写出来：

世界的主要财富集中在少数金融寡头手中，其中罗斯切尔德家族可能是最多的一支。近二百年的时间里，这个家族现在拥有的财富估计有30万亿美元！我们耳熟能详的世界首富巴菲特与比尔·盖茨，他们相比如此巨大的财产算是九牛一毛而已。

这些金融寡头们控制着西方主要国家的货币发行权，19世纪中叶，英、法、德、奥、意等国的货币发行权，都落入他们的手中。

号称世界经济军事霸权的美国，他们的"美联储"也就是相当于中央银行，居然是一家私人银行，而这家银行的主要股东，不是美国政府，而是这些金融寡头们。通过控制货币发行，他们剥削着一代又一代美国人民。

美国大部分被刺杀的总统，大概都是因为与这些金融寡头对着干丧命的。而当今天被民选的总统或内阁的主要成员，统统是他们的代言人。

美国南北战争、第一、二次世界大战、中东战争……近代史的几乎所有战争，都与这些金融寡头有关，有一些明显就是在他们的资助下打起来的，或者就是他们秘密策划的。像人类历史的大浩劫二战，希特勒的战争军费居然是这些金融寡头们提供的，事实上到最后，他们从战争中获得巨大的利益！

从1929年美国的经济大崩溃到1997年亚洲金融危机，每一次经济危机都是这些金融寡头们策划并参与的，这被称作"剪羊毛"，那些被剪的国家，他们通过制造危机，将人民多少年积累的财富统统拿走……

下一个被剪的目标，也许就是中国……

我读到货币战争可能比真刀真枪的战争还要血腥，那些贪婪的银行家们，他们控制着整个世界的经济运行，通过制造一次次战争与危机，从中获利。罗斯切尔德家族的创始人，是一个精明透顶而本领非凡的银行家，他有五个儿子，经过数十年的资本原始积累与上百年的苦心经营，形成一个严密而空前巨大的金融帝国。

严密的家族控制，完全不透明的黑箱操作，像钟表一般精确的协调，永远早于市场的信息获取，彻头彻尾的冷酷理智，永无止境的金权欲望，和基于这一切之上的对金钱和财富的深刻洞察，以及天才的预见力，使得罗斯切尔德家族在世界两百多年金融、政治和战争的残酷漩涡中所向披靡，建立了一个迄今为止，人类历史上最为庞大的金融帝国。直到今天，这个帝国隐于幕后，依然操控着这个世界！

罗斯切尔德第一代创始人梅耶·A·鲍尔，我找到了他的生日，也推出了他的时辰，看看这个人为何会如此这般。

```
         年  月  日  时
乾造：   甲  丙  己  辛
         子  寅  丑  未
```

大运：03丁　13戊　23己　33庚　43辛　53壬　63癸
　　　　卯　　辰　　巳　　午　　未　　申　　酉

这个四柱能有几层功？官统财，官入库，库逢冲，财之原神用神同制。天干甲己合，丙辛合，甲被己控制，丙被辛控制，控制得滴水不漏！干支俱为我所用，这是一个何等神妙的四柱！造物主居然可以造得这么天衣无缝，真是叹为观止啊！

欣赏一个四柱，就如同读一首美妙的诗，看一盘精妙的棋局，只有懂得盲派命理，才可能理解其中的妙趣。

据记载，此造少年丧父。因原局子丑合于墓中，子未犯穿，故有此应。官杀为子女，杀库未临于子女宫，而冲开，不仅多子，而且儿子都非常出色，最后成为欧洲最强大的银行家，控制了那里的经济命脉。

他起步于己巳运，辉煌于壬申运，去世于癸酉运的酉运。许多学员会看不懂壬申运的寅申冲是什么意思，这个宾位的财官既可以为自己所用，也可以为自己所制，那申冲寅就是制的意思，就等于本来他依赖巴结于政府生存的状态现在却变成制约政府的状态，这个时期的罗斯切尔德正是如此。

二十、死亡与永生——戴安娜命运探秘

神话中说，凤凰每次死后，会周身燃起大火，然后其在烈火中获得重生，并获得较之以前更强大的生命力，称之为"凤凰涅槃"。如此周而复始，凤凰获得了永生，故有"不死鸟"的名称。

在命理研究中，有些人的生命历程就如同凤凰涅槃，他们的生命之光在短暂的人生中夺目绽放，绚烂无比却又瞬间熄灭，留给后人永久的思念。这是一个注定的结局，就像天空中的流星，如果没有死亡与陨落，也就没有灿烂的一瞬。我所知道的就有：三毛、梅艳芳、张国荣与戴安娜，他们命局组合都非常的相似。

"再见，英格兰的玫瑰"，十年前，当戴安娜离世的时候，一首瞬间传唱英伦的名曲《风中之烛》成了人们对戴妃永不消失的纪念。如今10年过去，戴妃的倩影却依然活在人们身边，她的照片，她的纪念册，她的书，她的慈善事业，她的崇拜者，她甚至在潜移默化地改变着英国王室……从政坛到名利场，从慈善机构到上流社会，她在各个场合的优雅从容，和最后的伤心陨落，让这个国家在十年后依然为她心潮澎湃，泪流满面。

"你就生长在我们的心中，在那些生灵涂炭的地方，你优雅地独自绽放，你召唤着我们的国家……"就如同歌词中所唱的，在英国人的心里，戴安娜已经成了一个时代的标签，成了心上一柱永不熄灭的烛火。

她，就应该这么结束，这是一幕上帝书写的杰出剧本，真的，如果这位前任王妃重新嫁人，而又成为别人的妻子，再生儿育女，那是不可想像的，就像将《红楼梦》写成喜剧要黛玉嫁人生子一样。如今我们还那样怀念着这位和蔼可亲、雍容美丽的王妃，因为她真的可以称得上，在我们真实世界生活过的，一个剧中人。

英国王妃戴安娜生于1961年7月1日傍晚（这个时辰是传记记载的），起四柱为：

	年	月	日	时
坤造：	辛	甲	乙	丙
	丑	午	未	戌

大运：02 乙　12 丙　22 丁　32 戊
　　　 未　　 申　　 酉　　 戌

盲派命理讲木日主要分死活，有根有水之木为活木，无根有水或有根无水之木为死木，有水有根，水不生木之根也是死木。很显然，戴妃的命是死木，而她命中见旺丙火，又生于午月火极旺，是死木见旺火的组合，就像一堆柴火，投入旺火之中，剧烈地燃烧，光亮无比，但很快就燃烬自己，这不就是凤凰的涅槃么？

所以她的死是注定的。她不平凡的一生短暂而丰满，曲折又传奇。就如同童话故事中的灰姑娘，1981年2月29日成为世人瞩目的王妃；她的形象与作为又那么受人爱戴，成为一个超越明星、政客的另类公众人物；可婚姻的不幸，又经历背叛、痛苦、出轨与出卖，女人所有的幸福与不幸差不多她都经历过了。在结束与王储15年的婚姻生活之后，1997年8月30日夜，一次意外的车祸使她的传奇人生戛然谢幕，留下的是人们久久的怀念。

我们还是回头研究一下她的命理组合：年柱辛丑是王储查尔斯，丙辛相合，丙火可以表示她美丽的大眼睛，是她迷人的眼神，让查尔斯一见钟情。可是，辛金与月干甲木相邻，也是命理中的比劫争夫之象，这个甲木就是卡米拉，是个又老又丑的女人。

戴安娜命中木火太旺，极喜阴润的金水，但丈夫辛丑离太远，又与她夫宫相冲，除不关心她，还外边有情人。得不到丈夫的感情的她在时上戌中寻找情感的宣泄，戌中辛金是她的情人。戴安娜在不同时期相处过好几个情人，直到最后还是跟她情人一起车祸离世。

当大运行至戊戌运时，本来很弱的阴金被戊戌之燥土克坏，四柱有阳而无阴，火旺无抑，必当焚灭。丁丑年，逢此年丑未戌三刑，木之根库被坏，也就是相当于把存在库中的木全放出来烧掉了，此年香消玉陨已是必然。

我们感叹造物主的神奇，在芸芸大千世界里，因为有凤凰涅槃般的重生，才彰显她的精彩，戴安娜并没有死，她永生了……

二十一、坤沙的毒品人生

曾被称为"世界毒王"的缅甸毒枭坤沙 10 月 26 日在缅甸仰光去世，这个风云一时的人物终年 74 岁。我们还是从命理中看看他罪恶而传奇的一生。

```
        年  月  日  时
坤沙：  甲  戊  甲  丙
        戌  辰  寅  寅
```

大运： 08 己 18 庚 28 辛 38 壬 48 癸 58 甲 68 乙
        巳   午   未   申   酉   戌   亥

我在互联网上并没有找到坤沙的确切生日，还有文章称，坤沙生于 1933 年而非 1934 年，这个四柱是很早以前一个易友提供的，当时他拿此造问我，让我看此人是干什么的。

我说：这个命会非常富有。他说是的，干什么能富？

我说：这是个木旺生火的组合，食神是吃的东西，甲生在辰月象是活木，见火是花朵，卖花不可能会有这么富吧？（注：当时理解不确，其实此四柱之木是死木）

没想到，易友说，你分析很对，他就是卖花的，只不过他卖的不是普通花，而是那诱人的罂粟花。

原来这是个大毒枭的命局，再细细分析，他的一生真是与命局非常完美的切合，所以，我确信，这就是那位世界毒王的命理四柱。

这个命局是财星临墓而印星被坏的组合，所以会从小失去双亲的关爱而在外人家长大成人。他少年行运巳火食神运，被禄穿，禄与食神俱坏，所以小的时候缺衣少食，生活十分艰苦，也没有接受教育的机会。

但命局的组合，他必定要大干一凡事业，而且一定是在偏门行业。这是个木火成党制辰中之水的命局，做功非常大。既然将四柱中的印星制去了，日主之木也不再是活木，索性不怕金制，反有劈木生火更旺之益。印星被制一方面是表示他童年的无依，另一方面则表示没有正统的事业可做，所有可依靠的东西俱没有了，只能依靠自己，这也表示他除了信奉权力金钱外，不再有其他可以信仰的东西了。

28岁辛未运之后，开始发迹。他看出毒品生意的远大前景，从泰国来到金三角，靠自己的出身和经历，娶了一位首领的女儿，并很快成了岳父的左膀右臂。但到后来，他居然亲手杀了岳父向"国军"邀功请赏，请求联合，以后他又用各种手腕，拉拉打打，渐渐收编了附近所有的小帮派，在缅北建立起了一支统一的军队和一个相对独立的地盘，并控制着世界上70%以上的海洛因市场。

这个大运丙辛相合，官星合到主位，寅又入未墓，是收编并掌握权力之象。但同时禄神入墓也是自己被困之象，所以才会有1969年被缅甸政府设鸿门宴，坤沙被逮入狱。

38岁行入壬申运，这时的大运是枭神夺食，七杀冲禄，好在他命中比劫多透能化枭神，而禄神两现又不惧杀冲，所以他能在此运化险为夷，反败为胜。1976年丙辰年，他成功逃离监视居住，离开仰光重新来到金三角，70年代末至80年代初，成为坤沙毒品业及军事势力的全盛时期。从命理上讲，寅被申冲，生火更旺，且合盲派命理有木火伤官局。所以壬申运的申运成了他大展宏图之时。

48岁后，行入癸酉运，这个运是与月令天地合的大运，天地相合为合绊，往往所合的一柱会被绊住而失去效力。但是，四柱的象上分析，则因为癸水代表的是辰土，癸的象合到戊，则表示辰土在做功。更重要的是，他的四柱辰土被戌制死，成贼神捕神的组合，那就需要贼神出现为吉，癸酉一柱正是加强戊辰一柱的力量，那做功的力度就可想而知了。这一步大运从1981年始到1991年止，坤沙因缅甸军人夺取政权，其生存环境改善。他抓住时机迅速扩大地盘和军队，扩张毒品贸易，其财力和人力上都得到极大加强，盛极一时。1993年12月14日，坤沙宣布建立掸邦共和国，声称从缅甸中独立，并自封总统，此时坤沙手下拥兵4万人左右，控制着80多平方公里的地盘，12个毒品加工厂年产海洛因100吨左右。

58岁他行入甲戌大运，我们都知道，贼神捕神组合最喜行贼神大运，而怕行捕神大运，甲戌大运正是他的捕神大运。原局中的辰是被戌制死的，再行戌运就制之太过反而无功了。此运初行泰缅政府军开始对坤沙领导的蒙泰武装发动攻势，在美国等大国的反毒品的国际大形势下，1996年1月5日，穷途末路的坤沙未能逃脱强极则辱的命运，终于向缅甸政府缴械投诚，这一年是乙亥年冬天。就像是斧底抽薪一样，亥水从辰中泄出而被大运制去，权力尽失。

此后坤沙一直隐居仰光，直到丁亥年戌月离世，他的毒品人生终于画上了句号。许多易友不明白为何死于亥运的亥年，其实只要明了他的日主是死木就容易理解了。死木怕水，见水就腐烂，他死于糖尿病及其并发症，正是此应。

二十二、劫世枭雄希特勒

中国古人的政治理念一向与西方有所不同，他们并不认同民主政治，却推崇一种贤人政治。在孔子思想中，人并非天生平等，而有严格的等级，他倒并不主张从世袭血统中区分人的贵贱，而是从人的道德修养与学识智能上区分，所谓君子与小人（小民）就是包含了对人的等级评判。

贤人政治，寄托着一种对政治过分理想主义的梦想。试问，会有多少贤人能掌握政权，现实的历史无情的告诉我们，往往是那些残暴无道之君与阴险狡诈之徒能登上权力的顶峰，因为他们为了权力，无所不用其极，往往是"君子"们无法抗衡的。可是，民主政治一定就是最好的政治么？当古希腊用民主的审判杀死他们伟大的精神圣贤苏格拉底时，当德国人民通过民主选举他们的领袖希特勒上台时，我们看到的却是文明的灾难，这可怕的灾难，不由得让人对"民主"进行反思。下文所讲这位枭雄是二战元凶希特勒，我们从命理角度分析其中原理。

希特勒生于 1889 年 4 月 20 日晚上 6 点半。

　　　　　　年　月　日　时
乾造：己　戊　丙　丁
　　　丑　辰　寅　酉

大运：05 丁　15 丙　25 乙　35 甲　45 癸　55 壬
　　　　卯　　寅　　丑　　子　　亥　　戌

以往我在《命理指要》一书中也解过此命，但那时研究的是传统命理，认为是伤官配印格，用神是木，却解释不清楚为何丁卯、丙寅运很差，至于何以能成为元首以及何以会发动惨绝人寰的战争，更无从得解。现在回头再看此四柱，这些问题都可以得到解释。

这是一个多重做功的四柱，其中最大的功是丑入辰墓，而丑本身又是酉的墓。这样一来，辰土官杀库就聚集了巨大的能量，而辰的盖头戊与日主丙是相通的，实际上坐支的寅字，反而成了命主的一个累赘。

解释了做功，再分析一下他为何是一个与文明作对的杀人魔王？这还需要从阴阳角度分析。丙火为阳主光明，丑土主阴表示黑暗。寅为丙之长生，辰为丑之墓库，酉金是西方收神，这是阴多阳少阴来制阳的组合，行癸亥大运，是阴之亥水合制阳长生丙火，这就有摧毁文明之象。

这里还要特别注意两点，一是时上丁火在这里是羊刃，主武器之意，而酉金就表示战火中死亡的人。这酉金得丑库，则表示死亡的数量之巨大，源源不断，成为战争的炮灰。

我们要特别注意食神戊土在四柱中的重要性，盲派讲丙戊是一家，这个戊跟日主丙最为亲近，表示自己的理念、思想、与口才，我们知道，希特勒的口才是一流的，而《我的奋斗》一书正表述他这种偏执的信念。戊土坐下辰土是阳中之阴，说明他这个人是表阳而实阴，容易用表面的光彩掩盖他阴险的本质。

大运行丁卯、丙寅木火之运，与原局阴制阳局相反，故其少年父母早丧，困苦不堪，一度成了流浪汉。乙丑大运，乙能克戊，坏戊土食神，无所做为。丑为命主所喜，此运正逢第一次世界大战，参军入伍，并组建纳粹党。

35岁行甲子大运，甲能克戊生丙，阳气有生，领导纳粹党暴动，失败自己入狱。子运行到阴地，重获新生，领导纳粹党在大选中获胜。1933年元月30日登上总理宝座，此时逢壬申流年，冲破寅木之阳。

45岁行癸亥大运，此运十年推行独裁统治，并发动第二次世界大战，武力占领欧洲大陆。癸合戊土有功，亥从辰出，寅亥合灭寅中丙阳，阴制阳局显功，开动战争机器，毁灭文明，无数生灵涂炭。

55岁行壬戌大运，阴虚而阳实，制阳之局被阳反制。德军在盟军的进攻下节节败退，1945乙酉年苏联红军攻克柏林，4月30日饮弹自杀，结束其罪恶的一生。

二十三、《红楼梦》元春四柱趣谈

《红楼梦》真是一本百科全书，据说，有一个女孩得了一种怪病，看遍医生，都没看好，读《红楼梦》，发现黛玉得的病跟她太像了，书中还有药方子，索性将药方子抄下，拿去抓药吃，结果，病居然神奇般的好了。

我讲这个例子是想说，曹雪芹本人对传统文化的东西实在太精通了，更有意思的是，书中有一段关于预测的情节，书中86回这样叙述的：

老太太叫人将元妃的四柱夹在丫头们四柱里头，送出去叫他推算，他独说："这正月初一生日的那位姑娘，只怕时辰错了，不然真是个贵人，也不能在这府中。"老爷和众人说："不管错不错，照四柱算去。"那先生便说："甲申年，正月丙寅，这四个字，有伤官，败财，唯申字内有正官，禄马，这就是家里养不住的，也不见什么好。这日子是乙卯，初春木旺，虽是比肩，哪里知道愈比愈好，就像那个好木料，愈经削，方成器。独喜得时上什么辛金为贵，什么巳中正官禄马独旺，这叫飞天禄马格，又说什么日禄归时，贵重的很。天月二德坐本命，贵受淑房之宠，这位姑娘若是时辰准了，定是一位主子娘娘，可惜荣华不久，只怕遇着寅年卯月，这就是比了又比，劫了又劫，譬如好木，太过玲珑，木质不坚。"这段话透过宝钗之口道出了元妃的四柱，并特意提醒府上大小不必惊慌，现在不是寅年卯月。

元春这个四柱像不像一个贵妃的命，用专业的眼光确实是个贵命，我特意将此四柱拿给赵宇看，听听赵宇是怎么断的：

　　　　　　年　月　日　时
坤造：甲　丙　乙　辛
　　　　申　寅　卯　巳

断：这个女命贵，能嫁个当官的丈夫。

问：丈夫能有多大的官？

答：省长部长一级的官。

问：贵在哪里？

答：官星申为夫，木火成势，巳申合制，制得比较干净。就是怕丈夫桃花多，不止她一个女人。

哈哈，我说这是《红楼梦》中元春的四柱。

赵宇跟我都很觉得奇，觉得这个四柱决不是乱编的，一种可能是，曹雪芹本人是四柱高手，至少专研过四柱；另一个可能，他录的这个四柱是一个真实的贵妃或某位王公大臣的夫人。我比较倾向于后者。

于是我翻历书，查到曹雪芹生活的年代甲申年正月初一并无此日子，便查到甲申年有乙卯日的日子是：

1704 年 2 月 19，正月十五与 1764 年 2 月 4 日，正月初三，立春 (未时交节)。

考虑到后一个因巳时并未交立春，所以，还是 1704 年的这个生日四柱。或许元春这个名字中已经暗含了她的真实生日，"元"指元宵节那一天。

```
       年  月  日  时
坤造： 甲  丙  乙  辛
       申  寅  卯  巳
```

```
大运： 05乙  15甲  25癸  35壬  45辛
        丑    子    亥    戌    酉
```

我们还是用此四柱分析一下寅年卯月或卯年寅月的寿程，是否可信。

《红楼梦》元春之死是这么写的：

小太监传谕出来说："贾娘娘薨逝。"是年甲寅年十二月十八日立春，元妃薨日是十二月十九日，已交卯年寅月，存年四十三岁。

显然这是曹雪芹的一个错误，或者是传抄中的错误。按元春活了四十三岁，当是死于丁卯年，是丙寅年立春之后，误写成甲寅年了。

如按此四柱推，元春当在庚子年（17岁）出嫁，壬戌运，申中之水虚透，群阳而失阴，病在此运也非常合乎命理。戌运，卯戌合，禄合入墓，又巳火伤官入墓，故应卯年禄到之年死。寅月，冲去申金之独阴，寿到于此，妙药难医啊！

分析到此，我完全相信，曹雪芹所录此四柱，确有其人，且死在43岁。

二十四、暗杀大王王亚樵

东方卫视全纪实频道讲王亚樵，正巧以前我记录有他的生日时间，他生于光绪十五年己丑农历正月十五的上午，上午非辰时即是巳时。重新翻出来研究，看看这位传奇人物的命理，究竟是什么样的。

列式如下：

```
            年  月  日  时
    乾造： 己  丙  辛  壬
           丑  寅  酉  辰
```

大运：04乙 14甲 24癸 34壬 44辛
　　　 丑　 子　 亥　 戌　 酉

列式出来，第一感觉就应是辰时，而不是巳时，结果跟赵宇研究，他也认同辰时。原因有二，其一，时上伤官，极有个性，也很有思想，与权贵作对，伤官心性无疑；其二，壬辰时阴包局，构成群阴而用阳，一方面从事黑道暗杀（体阴），另一方面又特别正义（用阳），有崇高的理想，杀人不为财不为利，俱出于信义，是一位义士。

我研究这个四柱的时候，想起盲师夏仲奇断过的一例，这位是公安的官，夏先生不仅断出他是搞公安的，还断出他是公安里边专管枪毙犯人的官。那个命例同王造有一些相似的地方：

```
            年  月  日  时
    乾造： 丙  戊  辛  壬
           戌  戌  酉  辰
```

辛酉日见壬辰时，但必须有丙官合身。阳官合身，是自己有正当公职，戌为武库，主枪，穿住酉之阴，所以是个管枪毙人的官。这里的酉字非常特别，酉字不是表示自己的身体，而表示了被毙之人。以往总是想不明白这一点，今研究王亚樵的四柱，又见辛酉，终于明白了。

王造年上见丑，丑是阴中之阴，辛酉之库，主黑社会之意。阴主黑暗，阳主光明，体阴而用阳，非常恰当地表达了王亚樵的一生命运。酉被寅绝之丑墓之，不正也是他暗杀的目标么！最后自己也有同样的结局，被暗杀。

他从壬戌运的戌运开始暗杀活动，壬为食神，想法之意，戌为武器，直穿酉，表示暗杀。

我们看看他一生几次惊天动地的暗杀事件：

1928年8月，刺杀张秋白。戊辰年，引动戌。

1930年，刺杀招商局局长赵铁桥。庚午年，寅午戌三合局，穿酉力大。

1931年，庐山刺杀蒋介石未遂。辛未年，未戌刑坏了戌。

1932年4月29日，策划名振中外的刺杀日本侵略军最高司令长官百川大将在虹口。尚在戌运中，壬申年，冲动寅木，绝酉金。

1935年11月再次刺杀蒋，但因故错杀汪精卫，汪受伤未死。乙亥年，合动寅木，但已入辛运，无戌帮助，功力不够。

1936年10月20日戌时，被情妇出卖，被戴笠的特务暗杀。

丙子年，丙虚而合绝，子为日禄之死地，禄运死墓绝同现，难逃一死。寅为头，丙为面，死后头面被剥皮。情妇是辰中之子水，王一生情妇妻妾甚多，合辰库之故。

二十五、杂交水稻之父袁隆平

袁隆平应该是家喻户晓的人物，他搞的杂交水稻，增产部分，可以让中国多养活数千万人，他不知使多少人摆脱饥饿，他对中国以及对全人类的贡献，怎么讲都不过分。

袁隆平先生的生日有几种说法，最后根据温总理在他过生日的那天送他生日礼物确定了那一天的日子，原来袁老过的是阴历生日，他1930年9月1日（农历七月初九）出生于北京协和医院。我找到的时辰是晚子时，列式如下：

```
         年  月  日  时
乾造：   庚  甲  甲  丙
         午  申  寅  子

大运：02乙 12丙 22丁 32戊 42己 52庚 62辛 72壬 82癸
        酉    戌    亥    子    丑    寅    卯    辰    巳
```

抛开大运流年不讲，我专从象法的角度进行分析，从中大家体会象的玄妙。

袁老一生都从事水稻研究。直到提出要搞杂交水稻，这本来是违背教课书的，因为当时全世界公认，水稻是雌雄同株，自授花粉，没有杂交优势。可他并不遵从权威，敢于提出自己的观点，并身体力行，开始大胆的实践。终于在天然同种中找到雄性不育株，成功培育出杂交水稻。

我们知道，袁老命中之甲木，得根见水生，是活木无疑；甲木在象上讲是参天大树，但偏偏生于秋天，自然不能是树的意象了。寅申冲，秋天收割之意，所以这里的甲木是禾稼之意。那又为何偏偏是水稻而不是别的呢？那是因为时上见子水，申又长生水，水很旺，只有水稻长年生在水中，且合秋天收割之象。

命中有两个甲，一个甲申，一个甲寅，而共生时上丙火。这个象就太有意思了，可以将甲申当作雄性不育株，因甲坐申是绝，木主生，金主死，甲申就是不育之意；甲寅就要培育的新水稻株，寅中含有很旺的食神，意思是增加产量，供人食用；时上丙象为花，两甲同生丙就是授粉的意思；而授粉后最终要育出新稻种，时上子水就是种子的意思。整个过程用四柱象法表述出来。

我们知道袁老是一位科学家，但与其他科学家不同的是，他像一位老农一样，成天要在地里干活，也就是要做很多体力劳动。体力劳动者在盲派命理的看法是要禄神做功，很显然，袁老命中的寅为禄，禄受杀冲而又受印生，就是要身体劳动的意思。那无数包含神奇基因的种子，是在袁老辛勤的劳作下，一粒粒长出来的！

八十七岁后，袁老行巳运穿禄，阴水临绝，生死之关限。我们在这里默默祝愿，他老人家身体健康，活力永在！

二十六、同命四柱之多解

一位学员用很长篇幅在我QQ上留言，中心问题是，他看过《盲师断例轶例集》所有命例，感觉很神奇，但有不解的是，假如有跟书中相同的四柱，难道都会是同样的结果吗？

我想用二点回答这位学员的提问：

1. 轶例集中的例子应该都是夏仲奇先师生前的断例，并不会有假。但你从他断语中可以看出，夏师断命时总是一步步深入的，要求命主在旁边验证，假若有一点不合，他可能会取别的象来断，就像剥洋葱一样。当然有一些是确定无疑的就可以直断。在夏师断过的命中，可能会有一些命例没什么让人吃惊的东西，或平谈无奇的四柱，记录就将其省略不记了，所以留下来的都成为经典。

2. 命理中确实存在双解，相同四柱的人命运未必完全一样。这有很多命例可以证明。所以，四柱的双解或多解，将成为我们进一步研究的课题。我在实断中也会遇到断不准确的时候，遇到这种情况要具体分析是真的判断失误还是出现了四柱的双解。但有一点可以肯定，就是不存在无法解释的四柱，只存在自己的水平还不到，没有无解的四柱。

前段时间，在与一位易友的聊天中，他提供一个四同生四柱（同年同月同日同时生），说两人都已死亡，只是死的年份不同。

他提供的例子是：

	年	月	日	时
坤造：	壬	癸	癸	甲
	子	卯	卯	寅

我一看此造，正是夏仲奇生前断过的一例，此女是《孽情》例中女主人的女儿，夏师断她会克死一个女儿，应是二女儿。找来她二女儿的四柱，正

是上造，夏师断，她会死于肾病，难过2001辛巳年。果因子宫癌死于2001年。

这位网上易友提供的此例四柱，都早已死亡，却不是辛巳年，其中一例小时候父母离婚，戊寅年子宫癌做手术，己卯年去世，另一个相同四柱甲申年去世。

我仔细查了一下这三个不同的死亡年份，都在大运庚子运的子运，最晚那个死于甲申年的，按盲派交运法，此命大寒交运，也未脱子运。

再仔细分析，这三个死亡流年都能得到合理解释，可夏师为何会直断死于辛巳年呢，我想这一定与她母亲四柱相关。母亲克女儿的信息是寅巳之穿，所以应在辛巳年是最合于易理的，其他两个流年就排除了。但己卯年最早一个死亡的流年，应该是后边两例的得病之年。可能由于其采用的医疗手段不同，也或有其他的不同，才导致不同的死亡时间，从中我们可以得到启发，医生的治疗或许可能有限延寿，但不可能改变其必死的命运。

下面是命理分析：

癸水通禄于年，由天干一字相连，年禄表示身体。癸坐支卯，卯是食神也是身体，今逢子卯相破，就好比自己身体内部互不相容，这就是得病的内因。再加之生于寅时，水败于寅（其如腐败之意，水流本身流不动了，一遇腐即亡），壬癸之水通源于年，而流绝于时，水主肾，时又主肾，所以必得肾病。我还遇过一个同一天生的女命，因生于辰时，水在时得库，安然无恙。

原局坏在子卯破及寅败子，怕行禄地之应期，所以行子必显其灾。己卯年，应子卯相破；辛巳年，应水绝于巳；甲申年应引动时支败地。三种应期俱合于命理。

癸水，怕禄破、怕墓、怕败地（寅）。应此三者之二主凶灾。

二十七、打开《孽情》命例中的玄机

前些时候在北京，算过一个比较特别的命，特别之处在于，跟《盲师断例轶例集》中《孽情》一例只差一个时辰。

《盲师》一书的许多例子我都烂熟于心，每当无事的时候，都会想起来琢磨其中之味。许多进步都得益于这些命例的深入理解。当然，还总有解不通的地方。《孽情》一例故事离奇又不乏许多精彩决断。可这位只差时辰的老妇有何异同呢？

　　　　　年　月　日　时　　　　　　　　　　年　月　日　时
坤造：癸　甲　甲　己　　《孽情》一例，坤造：癸　甲　甲　丁
　　　 巳　寅　辰　巳　　　　　　　　　　　 巳　寅　辰　卯

大运：06乙　16丙　26丁　36戊　46己　56庚
　　　 卯　　辰　　巳　　午　　未　　申

《孽情》一例夏仲奇断："你四岁随娘改嫁。十六、七岁婚姻动，找个远方的对象，比你大很多。"

"你一进门就当后娘，你是五男二女的命。"再往后就断到她跟她的继子处成情人关系了。

从己巳时这个命中看，会有哪些不同呢？

我当时是这样断的："从你命相看，属早婚，嫁的丈夫会是离过婚的，命中两男两女，两女是你亲生的，两男是丈夫带过来的。婚姻会在中途出问题。"

对方反馈说："21岁结婚，是早婚，丈夫是离过婚，但没有孩子，我现在两个女儿，并无儿子。婚姻中途是有问题，看看什么问题？"

我说："婚姻不能白头，怕丈夫不在了。"我仔细推了一下流年，说：

"1993癸酉，丈夫要走。"

对方说："时间不对，是2005年丈夫走了，癌症。"

后来我思考良久，不明白为何己未运丈夫死，还是张卫点破玄机，才明白己未运死夫的道理。

我说："你六十岁会找个老伴，我看的两个儿子，应该是你第二个老公带的孩子。"

命就论到此了，下边是我的分析：

两造首先要确定的是，丈夫是哪个字表示。以前总认为巳中庚金很衰弱，难以独立存在。但读《盲师》一书，发现夏师论及此命夫时，就定为巳中庚金为夫。所以，盲师说：巳中庚出现在年，定早婚，遇到财官年就结婚，所以定为戊申、己酉年结婚。丈夫为何是离过婚的呢？这与寅巳有穿，丈夫所在的巳被比肩穿了，也就是离过婚之意。

可为何丁卯时造一进门就当后娘，而己巳时造没有呢？这在《盲师》一书中写得很清楚，夏师说：她行乙卯运时，才几岁，但是子女宫（丁卯）就动了，说明她没结婚，孩子已经出现了，所以确定当后娘。其实这里还需要补充一句，因丁卯时造卯辰相穿，丁卯所代表的儿子，并不是自己亲生的。她本人并未生子。

她们都是找比自己大许多的丈夫，这与巳火有关。女命伤官嫁老夫，这两个命都是巳火食神，但逢穿反以伤官看，所以才会找比自己大许多岁的。

巳中庚金太弱又受克，所以两个命都克丈夫。但为何己巳时的要断丈夫会死亡呢？这是因为"癸巳"之象出现反象"己巳"，己癸相克，丈夫赖以生存的癸被克了。所以张卫分析到克夫确定在己未运中。至于说酉年夫死这个应期就十分明显了。再加之，命中辰土第二夫的信息明显，就是要改嫁之意。

可丁卯时并无夫星反象的现象，第二夫的辰字也被穿了，所以克夫的信息只表现在自己找情人，背叛丈夫。郝师在世时常讲，克夫或克妻命，只要外边有情人，克的力量都会减弱。

二十八、美国留学生

2008年9月的一天，苏博士打电话说上次我给看过的那位美国大学校长，彻底信服了，预测他今年工作调动，果然在自己毫无准备的情况下，调到了另一所大学当校长。他跟学生们大力宣扬中国神奇的预测术，这一次，北京外经贸大学来了几个他的学生，十分想见我。

约好地方，来了五位美国大学生。

这些孩子才二十出头，过去的经历除了上学，最多谈个对象，并无特别的经历。虽然断得都对，但我觉得并无十分神奇之处。可这些孩子们第一次见识，都觉得很神奇。其中一个女孩的命例，我断到父母离异，果是。其四柱是：

```
         年  月  日  时
坤造：  乙  乙  辛  戊
         丑  酉  亥  子
```

我分析如下：年月财星无气，出现有禄却伤食混杂，就是两父两母的信息。坐支亥水，本是伤官，但中含财星，如以父看，年月之财透当什么？明显乙与亥中甲是不同的人。如将乙当父看，必当克父，随母才对，那亥中甲的位置又太重要了，不可能当成继父的。分析到此，一时分不清是随父还是随母。

再细看，子酉出现相隔，食神出现在时上而带正印，这个子字一定是继母的象。于是我断：应随父而有继母。果然如此。

伤官旺戊透正印，我说不管你现在学什么专业，将来会从事设计师的职业，或者当老师。她说，现在所学是哲学专业。哈，坐支亥水为天门，落空亡，所以是哲学。哲学与数学都落天门，相比这下，哲学更空泛些。

算毕，大家都很有兴致，他们的好奇心很强，请教我命运预测的原理是什么，旁边的老贺给他们做了深入的解答。老贺特别提示，这是中国的"天人合一"思想的具体体现，不知道通过翻译，这些美国学生能否理解到位。

在我们看来，"天"并不空泛，而确有内容，那就是我们所用的"干支"。干支是对天道的一种维象的表述，其意义之深远可不是几句话可以说得清的。但我想，这一次预测，远比他们来中国接受的其他教育印象深刻，那可是关乎他们自己一生的命运啊！

二十九、印尼出生的命

南半球出生的命如何算，我以前遇过一个新西兰的，发现需要换月令。因为月令表示季节，南半球与北半球季节正是相反，所以要换对冲的季节。但是天干不换，因为我们处在同一个天。起运数也不换。又见一位印尼出生的女命，也是南半球，我就以换月令的方法算：

1973年1月2日丑时生。

```
         年   月   日   时
坤造： 壬   壬   戊   癸
         子   午   戌   丑

大运： 09辛  19庚  29己  39戊  49丁
         巳    辰    卯    寅    丑
```

这个命夫宫被刑坏了，行辰运再冲戌，必没有婚姻，到己运壬午年，会认识一个男人，这个男人必是有婚姻的，无法跟她结婚。因为她原局无官杀，财当夫，就是被包养的意思。好在她运气还不错，不至于全靠男人养活。果真如此。

庚辰运坏戌生宾位的财，是个很差的大运。表示自己没有固定的工作，漂泊。更差的是前边的辛巳，这个四柱火无原神，再见禄就是要受克的，所以辛巳运会更差。禄主福,享受,小时候无福可享。

再细分析因何苦?以壬子水为父,午火为母,子午冲,父母不和,巳运绝子,父必离母。戊癸合,必有继父。

果然,父母离异,随母改嫁。但她本人也未随母,而是跟姥姥生活的。命局中看,是大运辛巳,禄见伤官的原因,伤官主外婆或奶奶。丑戌刑,继父也不喜欢她。

只有换月令,才能解通南半球四柱。

三十、高考后的志愿选择

有一回,跟朋友闲聊,他说现在有一种很时髦的职业,就是职业或专业规划师,很受家长们的欢迎,他们要跟孩子有一段交流,然后出一些问题让孩子们回答,就能基本判定孩子将来最适合的专业方向。时下因为高考的压力,多数孩子除了应付可恶的考试外,并无时间思考自己的兴趣与志趣,这种选择志愿的盲目性使得他们上大学后发现所学专业根本不适合自己,可为时已晚。

回顾我的同学们,有几个能学有所用,一生从事自己曾经学习的专业呢?包括我自己在内,百分之九十都是学非所用,有的所用与所学,根本是南辕北辙,徒费青春光阴。这也是我们现行教育制度的一大悲哀。

命理学指导职业,不仅从一出生就可以知道,而且在判定方面可以很细。我想职业规划师水平再高,大概也只能指出孩子是从政还是从商,是搞技术或是搞艺术,不可能细到具体职业,比如银行、律师、医生还是教师……但是这些命理学却可以做到。

我在课堂上教过学员们,如何从四柱中看到所学各科的成绩,物理、化学、数学、语文、外语各用什么表示,所以断命可以细到哪门成绩好,哪门差。所以从四柱中看孩子的兴趣点是丝毫无差的。有的命一生只从事一种职业,那在四柱中是有显象的。下面择几例最近看过的孩子的四柱。

　　　　　　　年　月　日　时
1. 乾造：壬　壬　丙　乙
　　　　　申　寅　子　未

　　这个孩子 2010 年高考，在高考前，我跟家长说，注意他化学或生物会失分，考下来的结果只有化学没发挥好，一道大题做错了，略低于预期。看孩子未来的职业，从事金融银行业最合适，原局寅申冲，财星冲印，应该在银行业里做金融产品规划设计是个高手。中行丙午运，将来大有作为。

　　　　　　　年　月　日　时
2. 坤造：庚　丁　癸　乙
　　　　　午　亥　未　卯

　　这个孩子补学过一年，2010 年也是高考，本是个偏文科的四柱，孩子家长偏让她学理科，所以理科考得不好。我说这个命适合作记者之类的半自由职业，不知学了理科有没有符合她职业的专业。

　　　　　　　年　月　日　时
3. 坤造：庚　乙　甲　丁
　　　　　午　酉　午　卯

　　这个孩子是 2009 年考的大学，我说她适合于搞法律，结果因为种种原因报了个经济类专业，孩子上学后找不到感觉，尽管很勤奋，但怎么也无法入门，正在考虑学第二学位。

　　　　　　　年　月　日　时
4. 坤造：壬　丙　乙　辛
　　　　　申　午　卯　巳

　　这个孩子是木火伤官格，从事法律或当老师都很适合她。但现在报了个金融专业，我建议以后改专业，否则学非所用。

```
         年  月  日  时
5. 乾造： 庚  甲  甲  丙
         午  申  寅  寅
```

这个孩子的家长让我看命时，他已上大学了。我跟他家长说："你孩子有艺术方面的天赋，他最适合搞音乐与创作，如果他学别的，都不会喜欢。"

结果孩子十岁的时候就要买比他人还高的吉他，唱歌的水平跟明星差不多。可因为父母的反对没有学成音乐。我说，他也不是个上班工作的命，有机会还是要学习音乐，将来必然在这方面有所发展。

木火伤官，火克金主声音，寅申钟鸣鼓应，伤官主创作，丙火主表演。

三十一、北京遭遇诗人

建宏兄是我老乡，读大学时，他创立北国诗社，如今他在山西也是很有名气的诗人兼文学评论家。这次跟我一同来北京，一次聚会，满座全是他的诗人朋友，介绍起来都是全国知名诗人与作家。虽然诗歌我是外行，但依然闻听过他们的名字。

席间一位女诗人想问命，报出生辰，其四柱是：

```
        年  月  日  时
坤造： 己  丙  庚  甲
        酉  寅  午  申
```

大运：03 丁   13 戊   23 己   33 庚   43 辛
         卯   辰   巳   午   未

我现场断道：你这个命第一次婚姻要离婚，大概 1994 或 1995 年结婚，到 2001 年关系就不好了，2004 年婚姻就得结束！

反馈：居然所断一年不差，正是 2004 年离异。在座的可能没有见识过断命，都很惊异。

我接着断：第二次婚姻也不算好，名存实亡。但我看离不了婚，维持现状。

她说，确是这样。

我又道：你有个女儿，不在你身边。

这一句说的让她也很吃惊，因为确定她生的是女儿，而女儿一般离婚都会跟妈，可却说女儿不在她身边。可见命运的东西是不同于常理的。后来听知情人悄悄跟我讲，她第二次结婚，男方给她提出的条件就是，不能带她的女儿回家。命中午火克申金，申中之水正是女儿，这午火就是第二任丈夫。

然后我又断她性格及最近几年运气，这些都平常了。

另一位诗人来了兴趣，本来他是不太相信预测的，听到这么准，请我帮他看一看。

```
         年   月   日   时
乾造：   甲   庚   庚   丁
         辰   午   戌   亥
```

大运：02 辛   12 壬   22 癸   32 甲   42 乙   32 丙
       未   申   酉   戌   亥   子

这位诗人的特点是丁官虚透，盲派讲官星虚透主名气。他的名气确实很大。

我第一句就说：你这个命是中年离婚命，会在 1999 年或 2000 年离婚！

他竖起大母指，确实，他是 2000 年离的婚。在座的都知道他离婚了，但谁也不记得是哪一年的事。

我说：第二任妻子要找一个年岁小很多的，现在已经有了。

确实如此。

然后我又断了他运气方面的事，以及什么时间段名气最大，现在处于什么阶段，都很准确。

因为是席间即兴的断命，太细的方面都没讲。其实这个命还有许多细节的东西，等下次有机会再聚时论及吧。

三十二、断例几则

一

L总是一个超级富翁，据传在金融行业是数得上的人物，在股海能翻云覆雨，股市里常说的庄家、主力，就是指像他这样的人物。2001年专门请我与赵宇去为他指点未来。

```
        年  月  日  时
乾造： 戊  己  癸  己
        申  未  巳  未
```

这个命局并不难看，越是富贵级别高的命，对于盲派来讲越简单清楚。五年大运壬戌之戌运，积累数十亿资产！这在中国也算是一个奇迹。可惜，大运转入癸亥运，是一个反局大运，不仅不会再有发展，还恐怕难以保全。我们建议他最好出国去，不要再在国内搞事情了，怕搞不好惹官司。当时他想收购一些国企搞上市，被我们一一否决了。他还问，如果一定要做事怎么样？我说：最多做到2004年，到2004年之后就不能再做了。

L总不是不相信预测，否则也不可能请我们去。他在我们面前表现也十分谦和，但他是一个十分有性格的人，你想一个有如此成就的老总，能没有个性？也不可能因为我们的几句话就放弃自己全盘的计划。但我们的推断与建议他一定心存疑惑，不可能完全的相信。后来又给他手下的几个人推命，当推到他一个弟弟时，明显的牢狱信息就在两年后发生，我们如实告他，他弟弟也许是早有准备，居然满不在乎的样子。

这一次咨询结束后，我跟 L 总一直保持联系，第一件事情就是他准备做庄的一只股票遭遇大市不好，急跌不止，损失惨重；两年后，他弟弟犯事被抓。

后得知他在外省收购一家证券公司，还打电话咨询我收购何时能成功的事。等到2004年时，我的命理水平已有很大的提高，发现研究他的命中明显的牢狱标志（七杀挂两头，围了日主），而且应在乙酉年，想跟他联系提醒他防范，可奇怪的是，L 总的电话再也联系不到了……直到2005年，听说他与其公司高管们全被公安抓捕，听说是非法集资罪，到现在还没有结案。

在这个世上，无论你多富有，也无论你多有权势，没有人可以逃脱天命的力量。不要以为财富的积累是你本人有多能耐，还是感谢老天对你的惠顾吧。

二

这个四柱是一位客人拿朋友的八字来算的，命主本人没有来。当时我跟赵宇在一起。列出四柱如下：

```
          年    月    日    时
乾造：    庚    己    己    壬
          戌    卯    丑    申
大运：09 庚  19 辛  29 壬  39 癸  49 甲
       辰     巳     午     未     申
```

我们初看这是个伤官合杀组合，见丑之阴，该是个公安局的官员，对方说不是。又断那一定当过兵，对方说是当过兵。我说，那他应该是银行的官员，这下对了。

赵宇分析一会断：这个命癸未运走坏了，反了局，2008戊子年一定遇到大麻烦，子卯相破，杀星被破，整个局反了。癸水财星代表丑土跑了，犯了经济问题，不是个丢官罢职的事，应该有牢狱之灾！

对方按捺不住惊奇的心情，啊，没想到预测能算这么准，连忙问何时能出来？

赵宇答：这个命估计要判十年，快也有六七年的牢灾，经济问题，但不会判死刑，过了癸未运，这家伙还有一步好运，估计会发大财。

涉案多少？旁边有人问，赵宇打断问话，说：先不讲，让我们断断。

癸水这个财透出，被劫了，癸水的数，六数，不是六百万就是六千万。贪污就是六百万，挪用公款就是六千万。

果真，六千万的案，挪用公款。

三

2009年11月，我与赵宇先生同断一个四柱，让四座皆惊，记录如下：

```
         年  月  日  时
乾造：  乙  辛  壬  庚
        未  巳  申  子
```

大运：02庚　12己　22戊　32丁　42丙　52乙　62甲
　　　辰　　卯　　寅　　丑　　子　　亥　　戌

赵宇断：这个命年轻时当过兵，当兵后能分到企业，在国有企业工作。

对方说：确实当过兵，不过时间很短，几个月就回来了，到了企业。

又断：企业能当个中层干部。

对方说：是。旁边有人问，看看是什么企业？

我此时拿起四柱，直断道：应该在纺织企业。

对方十分惊讶，居然连纺织企业都能断出来。

赵宇又断：在企业干到子运，就不干了，壬午2002年就在外边做生意了。

对方说：是，只不过单位关系还在。

赵宇断：干到子运结束，2005年就不干了，基本不赚什么钱。

对方说：对，看以后又干什么？

我接着说：你2006年换乙运伤官，我觉得你要帮别人做技术指导之类的工作，帮别人发财，不过到2008年就干不下去了。

对方说：是的，你看发生了什么？

我们一致认为，这一年跟合作者关系处理不好，搞不好要打官司，如果不是官司，可能会有身体方面的伤害。

对方听了我们的判断，又是一惊，说：确实去年闹翻了，当年虽然没有起官司，但今年打官司了，刚刚起诉。

旁边有人问：看看多少钱的案子？

有人取四数，说是四十万，有人取五数，说五十万。

对方说：实际数目是四十万到五十万之间。

今年丑官与日主申一家，判断官司一定能赢，但钱要在明年才能拿到。

我断：你的命中有儿有女，先生女后生儿，如果计划生育的话，只有一女儿。

反馈：对。是有一女儿。

命中母亲高寿，父亲有克。估计父亲不在已经六七年了。

反馈：太准了！

年上伤官，祖业破败，原来你家是一个大家族，但在父亲手中败落了。

反馈：对。

命中兄弟姐妹四个，你是老大。

反馈：兄弟姐妹只有三个，确实是老大。

又断：母亲跟自己很亲，你也很孝，母亲跟你媳妇处的关系好，你母亲应该在你家生活着。

反馈：是，先前在妹家住，最近接到我家中了。

又断了未来的运程，从略。

四

例一：

```
         年  月  日  时
坤造： 癸  乙  戊  丙
       亥  卯  申  辰
```

大运：05 丙   15 丁   25 戊   35 己
        辰   巳   午   未

这是我的 2009 年断的一个命。

断：命中适合于搞技术，但婚姻不大如意。

问：婚姻如何？

断：对象应在 2006 年谈的，快的话明年能结婚，但你命中会又出现一个男人。

回应：是啊，你看我如何选择？

答：依我看这个男人是去年出现的，去年冬天。但这个男人不是你的，人家有别人，你们不可能结婚。

回应：什么都让你给看出来了，去年我爱上一个有家室的，我现在不知道怎么办。

问：你现在的对象是属什么的？

答：属老鼠的。

断：你这个对象家境不算好，个人能力也不行，你跟那个有家室的感情很深，看样子一时半会分不开。你命中能沾他的光，他本人也很有财运。告诉你他不可能离婚找你，他不属于你。至于你现在的对象，今年也结不了婚，你要觉得舍不得，明年能结婚，如果实在不喜欢，明年就吹了，后年再找别人。你最好找一个大一岁或大三岁的结婚，比现在这个条件要好许多。

例二：

```
         年  月  日  时
坤造： 壬  己  丁  丙
       戌  酉  巳  午
```

大运：08 戊　18 丁　28 丙　38 乙　48 甲
　　　　 申　　 未　　 午　　 巳　　 辰

断：适合在银行工作。婚姻 2005 年可成。

回应：是在银行工作，2006 年结的婚。

断：个人能力很强，命中不利母亲，母可能有病在身。

回应：是，母亲有肾病。身体一直不好。我的婚姻如何？

断：婚姻不会有问题，放心。

回应：我发现过他有出轨。

断：让我看看是哪一年的事，命中与运中都没有，要有就是流年。如果他有出轨一定是在 2007 年，那年七八月有外遇，到第二年五月份就彻底结束了。

回应：对，他本来很老实，被我发现后，他交待的时间跟你断的吻合。你看看是谁主动的？

答：这事你老公是受害者，他后来有一种被缠住的感觉。那个女人很厉害，最后还得花钱摆平。

回应：确是如此。他以后还会不会再有外遇了？

答：这一次够他受的，以后不会再有了，放心吧。

三十三、郝金阳传奇

　　我们生活的这个世界里充满各种各样的故事,在悲欢离合、快意恩仇人生百态的背后,又有什么在支配着一切?我们对这个世界的了解实在是太少了,一切因果后面的真实将意味着什么?本文记载了先师郝金阳与他的师爷刘开成先生的传奇故事,读后,也许你会有所感悟。

一

　　郝金阳先师 1930 年闰六月初三寅时,出生于山西五台县山区一个普通农民家庭。由于家境贫寒,虽天资聪明,没有上什么学。17 岁那年,日本人投降,太原光复,他被招工来到太原兵工厂当工人。1948 年的秋天,从外地来了一个算卦先生,据说算卦奇准无比,那时到处在打仗,人心慌慌,不知将来命运如何。因为年轻,那时的郝先生并不太相信算卦预测,但别人都说算得准,而且卦金也不贵,于是就求了一卦。

　　算卦先生(是用铜钱起卦,可能是六爻)为他占了一卦,出来以下断语:

　　"你家门前有三棵树,但是,卦中显示,今年被砍了。"

　　郝先生证实是有三棵树,但当时不清楚是否被砍了,事后才知道确实被砍了。

　　"明年春天,你有一场大灾,是生死之灾!"

　　郝先生心中一惊,会不会明年的灾就没命了?于是急着问:

　　"是什么样的灾,是要命的灾吗?" "我看,死倒不至于死,可是要活的话,恐怕也只是摸着活吧。"

　　当时,郝先生并没有理解他说的摸着活是啥意思,于是又问后边会怎么样?

"三十五岁,你要自杀一次,可能这次也死不了,如果过了此关,会有人给你一个饭碗,你的后半生只有靠这个饭碗吃饭了。"

断到这里,一生都让这一卦给断清楚了,没必要再问下去了。那明年的灾怎么办?有没有解?

这位算卦先生说:"有一个办法,或许管用,就是要在明年的大年初一祭太岁,办法我能告诉你,但是得用一种药,这种药我得回去配,需要三个银元的费用。"

郝先生这时心中犹豫了,三个银元当时是一个学徒工一个月的工资啊!一是舍不得这钱,二是也不知道他说的办法顶不顶用,三呢,还在想,这人是不是钓鱼的,本来没灾,故意设的一个套子?

到了第二年春天,因为那一年解放太原城,炮弹天天打。那个灾祸的预言一直压在他心头上,郝先生预感到这个灾恐怕要发生,决定还是回老家去。就在准备动身回乡的前一天,工厂被炮火击中而发生火灾爆炸,此时他正当班,不幸双眼被炸伤,从此双目失明……

当时的国民政府还给了他一些赔偿,送回老家。不久太原解放,国民政府垮台,他再也拿不到一分钱生活补助金了,而自己又丧失了劳动能力,只有靠父母养活了。

没过几年,父亲生病去逝了,使原本贫穷的生活更陷入困境,但是有母亲,他的衣食还是有人照顾,可是到了三十五岁那一年,最疼爱他的母亲也撒手人寰。他今后的生活该怎么过?他想到自己活到这个份上,到哪里都是别人的累赘,还不如一死了之。自己准备了绳子要上吊自杀,被人发现救下,连死都没法死。此时他想到十几年前那个算卦先生的话,说他死不成会有人送饭碗来,既然还有活路的话,那就等等看,会有谁能送来饭碗。

这一年村子里有一个秀才退休回乡,他是村里唯一有文化的人,因为早年读过私塾,对预测之学略有了解,拿来一本古本《渊海子平》,跟郝先生讲:"你现在也需要学一门手艺糊口了,不要再想不开自寻短见,老天爷有眼,会给你一口饭吃的。据说,盲人都是靠这本书来学预测的,我家有这本藏书,送给你学习,你看行不行?"

那时正是"文化大革命"期间，能有这样一个人敢于将被认为是"封建迷信"的东西给他，真是比天上掉馅饼还难，郝先生听了这话，心头一热，还有人在这个时候关心他，当然是求之不得的事。可是，他又想，自己看不了书怎么学呀？

此时，那位老秀才开口道："预测这活，我也不大会，没法教你，但我现在有时间，书中的内容我给你念，你记就行了，能否学会就看你的造化了。"

这倒不失为一个好办法，但盲人预测不会排四柱不行，到哪里学这个呢？

这位老秀才可能将这些都打听好了，接着跟郝先生讲："邻村也有个盲人，他会流星赶月，哪一天把他请到这里，让他先教会你排四柱，这不就妥了。"

果然，第二天，那位老秀才将邻村那位会流星赶月的盲人请过来，好吃好喝招待，那盲人也很痛快，答应教。流星赶月是盲人排四柱的口诀，分两部分，一部分排流日干支，一部分说节令。每年两句口诀定干支，又有两句讲交节。要背一百个流年，差不多要四百句口诀。当然要背下这四百句也不是一天两天的事，但有这位老秀才帮着记在纸上，差不多一天时间，就将口诀全部教完了。

郝金阳先生天资聪颖，记忆力也很好。没半年，就将《渊海子平》的所有口诀全部背过，流星赶月也应用自如。这时他还没有正式的师父，一个人在用这些口诀为村里的人推命。但应用起来，偏差很大，再加上对子平的口诀理解不到位，怎么可以靠它来吃饭呢？

这时，这位老秀才跟他讲："你学的已经很多了，我所能教你的也全教过了，但想学会预测，还是要靠师传才行。听老辈人讲过，我们县里以前有过一个盲人刘开成，他的水平是最高的，他已经不在人世了，我帮你打听一下他的传人还是否在世，在哪里，找到后，你拜师再学。你看行不行？"

平生能遇到这样一个贵人，郝先生真是感激涕零。可是到哪里找这样的师父呢？

盲瞽命师刘开成是民国年间一位民间高人，是盲派宗师级的人物，在五台、代县、原平一带声名远播，曾为少年阎锡山、徐向前推过命。刘开成预测是论命收费，穷人收费很低，富贵命收费很高，要想预测的先报四柱，先生先断几句，往往百发百中，然后根据命的富贵等级不同，开出卦金，如果客人要想知道详细，就约定几日后，到他家中去拿命书。刘先生专门请一位明眼先生，为他写命书，命书都批得很规范，根据不同的要求，详略不一。

到了晚年，刘先生为了传播自己所学，开始广收弟子，但收的都是盲人。一时间门徒众多。每年赶庙会的时候，徒子徒孙们都要碰头相聚，名曰"三皇会"，各路弟子就带着各自的再传弟子来交流，举行考试也是重要一项，出题目的自然是刘先生，只有考试合格的，才可以出徒。所以他的推命绝技在当时得到广泛传播。

郝先生自小就听说过刘开成的故事，可是解放初刘先生去世后，三皇会早已不复存在，加上文革期间，盲人预测早已被视为封建迷信而严令禁止。可农村的婚丧嫁娶要合婚定日子之类的事，还是要请懂阴阳的先生，虽说禁止但不可能根绝，再说，盲人没有别的生活来源，只有靠这个维生。当时老秀才就打听到一位刘开成先生的传人是原平南白乡的张姓盲人先生，于是郝先生在他侄子的陪同下，去找这个张盲人拜师学艺去了。

见到张盲师，郝先生说明意图，想不到人家并不想再带徒弟了。好说歹说，人家还开出很高价码，收三百元学费，意思是你看了这个价交不起就不学了。郝先生听了这么高的价码，自然没有那么多钱，该怎么办呢？这趟真的白来了？

功夫不负有心人，最后，张盲人答应收他为徒，至于学费，答应打欠条，三年内还清。人家学徒一般要三年时间，郝先生情况不同，他有基础，主要将师传的口诀传给他就行了，所以跟张师父学习，他只用了很短的时间，前后不足一个月。

有一个细节，当时这么多口诀郝先生也不可能记得住，唯一的办法就是抄在纸上，日后慢慢背。当时，郝先生连购纸的钱都没有啊！只得向师父借三毛钱购来三张1K大白纸，找人将口诀抄上。密密麻麻三张纸，这是盲派祖师刘开成传下来的断命口诀，是绝不能向外流传的东西。郝先生同其他的弟子一样，都发过毒誓，只传盲人，不传明眼人。这里我们不得不佩服郝先生的超人的领悟力，他在拿到口诀的第二天，有人来预测，他让张师父听着，自己来算，结果将来人算得服服帖帖，拿到三毛钱卦金，这是他平生第一次预测赚钱，顺便就将借师父的三毛钱还上了。

张师父听了郝金阳的断命，真是又惊又喜又忧，惊奇其领悟力超人，是他带过徒弟最好的一个；喜的是，他这本事，三百元的学费看来是不成问题能还上；忧的是，这个徒弟这么厉害，会不会将来盖过他？插了他的行呢？

随着时间的推移，郝先生的预测技术与日俱增，果不其然，三年后郝金阳已经是当地非常有名的先生了。那个时候，一个像他这样预测师的收入相当于十几个劳动力的收入，别看算一个命才三、四毛钱，可那时的劳动力一天的工分，也不过一元钱。他一天算十几二十个命，也属正常。郝先生带着一个明眼的引路人，走街串巷，在原平、五台一带活动，流下许多传奇的预测故事。后来，他的师父的声名真的不如他了，而他实际的断命水平也已经超过张师父，同一个人，找过他师父，再找他断，评价是他断得更准，更细，所以外人都以为他们是师兄弟关系而不是师徒关系。

有一天，这话不经意间传到他师父那里，师父认为，一定是金阳这么跟外人说的，真是气不打一处来，说了一些过激的话，这样师徒之间就有了隔隙，好多年没有来往。

其实，弟子水平超过师父，也属正常，常言道，有状元徒弟，没有状元师父。郝先生在这方面的天分，真是超过常人，对同一句口诀，理解与领悟都会有所不同，水平也就各有千秋了，就像我们现在读《黄帝内经》，对书中的内容能领悟多少，还在于读者的医学境界有多高，这就是经典的魅力。

二

郝金阳对刘师爷的推崇，也是无以复加的。他讲过另一个故事，我一直记忆犹新。

那是一天早上，一个四十来岁的中年农民王某找刘师爷预测，来人说，他跟老婆成天吵，说快过不下去了，请问刘先生该怎么办？刘先生让他将生日时辰报上。

很遗憾，我们这里并没有记录下他的四柱是什么。刘先生排出四柱后，一声不语，沉思良久。

"啊，你这个命我今天不能算，算不了。"

来人一惊，他首先想到的，是不是自己命寿到了，刘先生怎么不给自己算呢？于是急急的问什么原因。

刘先生解释道："不必担心，没有别的问题，如果你实在要我今天给你算，你得先去办一件事。"

"什么事，只要我能办，一定给你办。"

刘先生道："也说不上是给我办，你照我说的去做，回来后，我再给你算，行不行？"

"行！"

"你从门口出去，沿路向西北走，一直走到看到土崖上有土掉下来，你就在那个掉下来的土堆上方便一下，然后就回来，我给你算，简单吧。"

王某并不清楚刘先生的葫芦里卖的什么药，但还是痛快的答应了。走出门去，边走边想，今天我不会是去做崖头下的鬼吧？转念又想，不至于吧，刘先生不会这样害他的。

走不足三里地，果真看到土崖上边掉下的一块土堆堆，他当时也没有便意，但还是在那里解了一小解。正要转身回家时，却不经意看到土里边压着一个红布的带子，哪来的红布带子呢？好奇心促使他将带子拉了一下，原来不是带子，是一个红布包，包子从土块堆里拽拉出来，里边还沉甸甸的，包着什么呢？解开红布包，里边的东西让这位农民一阵心跳。啊，原来是包银元！数一数九块银元。意外之财，心喜万分，赶紧将它包好，还怕别人看到，放在怀里就往回走。

回到刘先生那里，先生问他："都照我说的办了吗？"

他点头回应："办了"

"有没有发现什么东西？"

"没……没有……"

"不会吧，我料定你不会空手回来，还在这里不跟我老实讲，哈哈！"

听到刘先生爽朗的笑声，王某只有老实交待，看到一包银元。

"拿出三个银元来放在这里，我给你预测。"

"好、好！"心里想，这位老神仙，真是什么事都瞒不了他。

接着，刘先生开始给推命了，说他这婚姻离不了，好好过日子吧，到某某年，两口子的口舌就没有了。推断完毕，王某的婚姻之虑也释然了。于是就谢谢先生，准备离去。

"别急着走呀，卦金还没有付呢。"刘先生道。

"刚才三块银元，不是已付卦金了么？"王某道。

"非也，刚才那三个银元是我该得的，我行动不方便，今借你之手为我取一下罢了。你再付三元卦金，你自己还留有三元呢！"

王某今天真是开大眼了，服了服了，只好放下三块银元付卦金，再次道谢回去了。

作者补评：首先是刘师爷自己看自己的命，他本人何时得多少钱财是清楚的。他命中一定有一个财库，比如有一戌戌之柱，这个戌中之财，是库中的东西，戌是崖的象。这一天正好可以开他的财库，但怎么开呢？这个王某命中正好有一个戊辰，说不定当日就是戊辰日,而这个戊辰的财库也是要冲开才能取得,所以就让他去西北的方面拿这个财。戌戌冲戊辰,戊辰之戊压的财,象就是从崖头上掉下来的土,结果,这么一冲,两人都得财了。

为何是九块银元,我想可能应了戌字,戌为九月,西北属乾金,也是九数。而戊辰之辰是水的库,合六数,也就是王某该得六块,但是他要付卦金,就让他再付三块。

三

据郝师讲，刘开成的预测本事与声誉被百姓当成神仙一般看待，可是，

229

他却有一个不中用的儿子。这儿子不学无术，成天游手好闲，打架生事，刘师对他的儿子真是一点办法也没有，后来，只能随他便了。成人之后，百事不会，后来被招去当兵了。有一日，刘师跟他的一位弟子讲："我这个儿子不成器，命生成这样了，也只能这样。我算到他会在某年某月被炸瞎双眼回来，到那个时候，我已不在人世了。他瞎了双眼，也不会乱折腾了，但命还得活，他也没有那个天分学更多东西。我传你一点简单的预测方法，到那个时候，你来教给他，也算是能糊口吧。"说着，深深地叹了口气。

这是一种简便看兄弟几个的方法，还有一些套话，也不是很精确，但不会有大的偏差，比如说断兄弟两三个，不是两个就是三个，不会是四个，掌握起来却出奇的简单。果不出刘先生所料，在刘先生去世后的第二年，这个儿子就在他算的那一年被炸瞎眼睛回家了，事情果真如他所算的那样。因为刘先生在世时的名声大，找他儿子来预测的人也常有，后来还娶了妻生了子。真应了一句话，万事俱是命，半点不由人啊！

郝师留给我们的断例不多，幸运的是我能找到几例，存录如下：

```
          年  月  日  时
例一，坤造：庚  丁  辛  庚
          寅  亥  酉  寅
```

大运：05 丙   15 乙   25 甲   35 癸   45 壬   55 辛   65 庚
         戌   酉   申   未   午   巳   辰

一天，一个老乡来访，聊起郝师，讲述了郝师当年给他断的断语，如今全部应验了。

断：

1. 六亲无靠，就靠自个儿，跟母亲关系不好，要跟母亲绝交。（果然跟母关系不和吵架而绝交，后来恢复了关系。）

2. 35岁以后要出现腿痛病，如果这个病好了，要眼痛。（这一点太准了，腿痛了十年，现在腿不痛了，却得了眼病，白内障。）

3. 生儿子留不住，要流产，只能生女儿的命。（现只有两个女儿）

分析：命局有两庚劫财代表腿，庚坐寅为绝地，寅合到亥，亥是庚之病地，是腿有毛病之意。寅主风，亥主湿，腿必风湿类病。同时，两寅又代表眼睛，所以会得这两种病。

例二，乾造：

	年	月	日	时
	甲	丁	庚	丁
	寅	卯	戌	亥

大运：09 戊辰　19 己巳　29 庚午

此人母亲拿此命问郝先生，先生对这个命断了不少，但他妈妈只记得两条。

1. 说孩子娶个老婆，要打场官司。这一点很奇怪，娶了老婆怎么会打官司？谁也想不通。

2. 问到孩子未来的前途，郝师说：过了31岁，什么都好了，要什么有什么……

命主在30岁那年，癸未年四月初三，被电死了！妈妈才想到郝师当年的断语，才明白郝师的意思是说他过不了31岁。

官司居然是妈妈与他媳妇打的。命主死后，事主赔偿了六万元，因为这六万元的分配双方协商不成，对簿堂公。

官司最后的结果，我们不得而知。但有一点可以肯定，那就是郝师当时一定看出此人过不了31岁。

"娶个媳妇打场官司"这条断语比较好理解，因为妻宫戌，戌中丁火官星两透天干，这戌就是官司之意。卯为妻，卯戌合到，结婚之意，戌中丁透到妻星卯上，是因妻打官司。

至于寿数为什么这么短，与四柱年中寅有关，寅是庚的绝地，亥水合到寅，大运走到庚午，寅午戌三合官局，两官夹克命主，庚运，日主到位，就难以延寿了。实际是癸未年,这是刑开戌库的原因。

三十四、命运谈屑

一

我仔细读过《明朝那些事》,常常掩卷长叹:所谓历史,竟然是如此传奇,甚至有些荒诞不经。一个偶然,改变一个王朝发展的走向,更何况几个人的生死命运。最后我们惊奇地发现,原来历史就是一系列偶然事件的堆砌,但却隐隐有一种力量在支配,可我们永远无法窥究其中的奥秘。

而今天研究命理,想想自己的人生,何尝不是因为种种偶然而成就我们的人生?而我们透过一切偶然的背后,找到它的规律,这就是命运。

为什么有人会成功,有人却失败?时下许多人讲成功学,总结了无数的成功的规律,他们试图将这些经验教给渴望成功的人们,最后,除了教课的老师成功地赚走学费外,我看该怎么样,还是怎么样。成功有规律吗?我表示怀疑。历史上无数事件表明,成功既无规律,也无速成的可能。

有人说,人的成功得要自己的修养与智慧,我说,成功虽然需要一定的智慧,但它们之间没有等号。殊不知,如今当大老总的,多数学历不高,而学历很高的,智力与智慧也很高,却常常是为人打工的。如果这一点还不足以证明的话,想想我们的圣人孔子,才学、智慧都算是千年不世之才,可最后无法实现自己的政治抱负,终以一教书先生度过大半生。所以,孔子是最为信天命的,他到五十读易后,什么都清楚了。

有人说,成功者需要持之以恒的精神。我却发现有许多持之以恒的失败者。大街上卖报纸的,他持之以恒卖了数十年报纸……没有任何事情,是可以通过持之以恒成获得成功的,相反,成功者多数是抓住合适的机会得以翻身。

有人还说,成功者需要有足够的胆识。这种说法也不对,一方面,一个人的胆识多数是先天的，后天很难培养，另一方面，还有无数谨慎的成功者，还有无数因胆大而功败垂成。

也有人信奉因果，认为只要心善，就会有好的结果，得到上天的垂青，可我们却在现实中看到的是，成功者有一些是大奸大恶之人，如今的世道更是逆向淘汰，好人可能就是无能的代名词。康生害了一辈子人，却得善终；武训帮了一辈子人，却最后饿死……

最后的结论是，成功，既没有可能学会，也没有必要学习。谁都渴望自己能获得成功，那靠什么才能得到，我只能讲，靠命吧。

有人说，性格决定命运，这句话也不全对，性格能决定态度。每个人有不同的性格，每当别人问起我，我的这种性格好还是不好？我总是答：性格是你的，无所谓好坏，当你得运时，你的这种性格就沾光，当你失运时，你的这种性格就受害，仅此而已。人无法改变你的性格，就如无法改变你的命运一样，率性地活一回自己，不必去改变。

大家都知道孔子困陈的故事，孔子知天命，故而不惧不怨，这种修为不是那么容易达到的。我命在天不在我，然，我心由我不由天。我们的一生，唯一可以改变的是自己的心性，话又说回来，成功其实并不重要，重要的是你生活得有意义，有价值。

二

日本某个机构曾做过一项调查，其内容是：你认为你的一生中哪些事是可以由你选择的？结果总结了无数人的问卷得出的结论是：人生几乎所有的大事，都无法选择，可以选择的都是小事。

人生的大事：你的出生，无法选择；你的婚姻大多数人没得选择；你的职业，很少有可以选择的；你的疾病死亡，更无法选择。可供我们选择的是些什么：你家要购一台电脑，你可以选哪一家品牌；今天，你想吃米饭还是面条；去一个地方，我是坐地铁，还是乘公车……想起作家刘索拉的一篇小说名叫《你别无选择》，这就是我们的人生。

回想一下我自己，小的时候，有许多的理想，记得十几岁时一位当工程师的大爷问我将来的理想是做什么，那时候很腼腆，问半天才说，想当一个物理学家，记得那位大爷好好地鼓励了我一番。可是，直到大学毕业，我还不清楚自己将来能做什么，只知道物理学家是不可能了。

有人会说，婚姻是我选择了他（她），真的是一种选择吗？你不觉得，你们的相识有奇妙的巧合么？有多少人在苦苦等着另一半，他们为什么不随便找一个人成家？那是因为，婚姻，你无法选择，只能等待命运的安排。

一个偶然，成就一生的姻缘；一个偶然，也可能毁掉一生的幸福；一个偶然，认识你一生的贵人，最后你走向成功了。有时候，那个最初帮助过你的人，早已消失在你的生活中。我静静地思索我的过去，所有可以改变我人生的贵人，都是我偶然间认识的；更奇妙的，有许多人，因为偶然间认识我，而改变了他们的一生……

认清人生既然不能选择，那你就会以平常心态对待世俗的一切。你该有的，一样不会少，该没有的，永远求不到，没有了怨天尤人，生活更加淡定从容。我有几个小故事，讲来同大家分享。

民国时期的山西在阎锡山的领导下提出"造产救国"，经济繁荣人民安居乐业，他创建的西北实业公司当时的规模相当大，山西的经济实力在全国当属前列（在日本入侵前）。现在太原的上市公司太钢不锈与太原重工的前身，都出自西北实业公司。

西北实业公司的一位大股东是赵戴文（山西省长）的弟弟赵戴祥，因为排行老二，我们老家人都亲切的称呼他二先生。在当时二先生虽然算不上山西首富，也算富甲一方。据说他年轻时，找当时最有名的命师刘开成算过命，刘先生算到他一生虽然富贵无人比，但晚年要当乞丐！这就很奇了，二先生的产业太大了，平生不赌不抽不嫖，还为家乡办学集资，做了不少好事，怎么可能沦为乞丐？谁都不会相信。

一九四九年，太原解放，西北实业公司被新政府接管，许多公司高官逃到了海外，二先生却没有走。他哥哥赵戴文已去世，他也步入了人生的晚年，所有的家产都被没收了，他最后一无所有，沦为乞丐……

人生无常，天道无情。二先生行乞之后，想起当初先生给他算的命，真是感慨万千。后来，海外的朋友给他寄一些钱，想让他安度晚年，不要再行乞了，他拿到钱后，招集周围乞丐一起下馆子海吃海喝，严然一丐帮帮主，花完后继续行乞。他真的认命了！

二先生的命运是无法选择的，因为环境使然，即便算到也无法改变。还有的，并不是因为被迫，而是因为鬼使神差，自己选择了最坏的一种。我说这样的事情很多，相信许多人身上都发生过。最著名的例子就是二战中希特勒的战略错误，希特勒的军事才能应该属一流，他清楚地知道，德国不能陷入两线作战，那样德国必败，可是为什么他会选择与苏联开战？我认为除了鬼使神差外，没有更好的解释。假若他没有与苏联开战，二战的历史就要改写。可问题是，上天不给你假如的机会，因为上天已经安排好了。

我有一个朋友，2003年我们第一次见面，让我帮他预测，我说从2004年之后，五年内行运劫财，是要破财的，建议他不做任何投资。他很信我的，但是，就在2004年鬼使神差被人说动，投资了。结果，只有赔钱。我让他尽快放弃，不要再亏下去，他心痛员工没饭吃，一直坚持。最后在2008年终于听我的劝说将所有股份送出去，止损了，共损财七百万。但他还是感谢我，说：如果我2008年不放弃公司，那到现在损失就会是八百万。

许多女士因为婚姻问题找我咨询命运，很多是男人有了外遇不顾家了，算完后我都会加这么几句：你的命找谁都一样，不能怪你老公，不信，你换一个还这样。要怪就怪你命没生好，要不，你丈夫的事，怎么能从你命中看出来呢？这样一说，她的心理就不会那么不平衡了。

三

我们人的智慧是十分有限的，也许有人不同意我的话，这世上除了人之外，还有更高的智慧吗？

当然没有了，人类是生命界最具智慧的动物，但我想表述的意思不是这个，而是说在人之外，还有一个天，还有一个道。人的所有狂妄所为，都是因为忽视它的存在，而我们的伟大先哲们，无一例外用虔诚之心，表达对它的崇敬，他们的谆谆教导是开启我们心智的钥匙。

老子说：

高者抑之，下者举之，有余者损之，不足者补之。

天之道，损有余而补不足。

人之道，则不然，损不足以奉有余。

孰能有余以奉天下？唯有道者。

老子还说：天地不仁，以万物为刍狗，圣人不仁，以百姓为刍狗。想想看，老子说的有没有道理？当秦始皇统一六国后，他的王朝如此强大，他想没有什么可以摧毁它，这就是他的智慧。可他偏偏忘记了还有一个天道，所以他死后没几年，王朝就土崩瓦解了。

王朝为什么会灭亡？是帝王没有请一个好风水师安排他的墓地吗？有人做过统计，中国皇帝的平均寿命只有三十六岁，为什么连常人都不如呢？我将这些统统看做天道之损，因为占有了太多的女人，必然损伤元气；因为常杀戮无度，所以也常会被人杀戮；因掌有极高的权力，所以耗精费神；因为迷信长生不老，所以吃丹毙命，总之因为太有余了，所以必然要损。

我们现在何尝不是如此。有人位高权重，他已经很富了，但有钱的人一定巴结着，送更多的钱；有钱之后，他可以买到更高的官位，再得到更多的钱……如此下去，还有我们穷人的活路吗？幸好，还有天道，天总有它平衡的办法，只是我们不清楚，它是以何种方式，何时实现这种损益。

如此看来，人的命运，只不过是对人狂妄的一种惩罚，对人所谓智慧的一种教育。所以，只有失败过的人，才可能回头相信命运，如果他的一生总是一帆风顺，他会以为，一切都是自己所谓智慧与努力的结果，怎么会相信命运呢？世上恐怕没有这样的人，如果有，他一定没有活过不惑之年。

对天道敬畏之心与对人命运的信奉之意是等同的，殊不知，天道作用于人，便是人的命运了。理解到这一点，才有可能用圣人的大智慧观照我心，在这个乱纷纷的世界中，能获得一份淡定，笑看那些狂徒痴人，而永远保持清醒。

四

"我们的人生是被命运操纵着",这句话如果没有真切地体会与大量的验证,是很难让人接受的。即便你相信命运,也未必有真切地体会。命理研究者就是通过研究,寻找关于命运问题的答案,回答关于命理是如何能测算人生的问题。

所有的人生偶然,都有着内在必然,因为命理的原则是全息人生的各种信息的,这些信息并非取之于人的基因,而取之于天道运行的坐标。它们是:甲子、乙丑、丙寅、丁卯……

所有对我的约束与管理,取象之"官杀";所有我支配之财物,或我情感投入之人,取象之"财星";所有保护我者,或荣誉身份、地位、权职、单位,取象之"印绶";所有我情绪之发泄、思维意识、谋为、创造之物、享受之物,取象之"伤食";所有我周围的朋友,或帮我或害我或耗费,取象之"比劫"。

这样一来,差不多我周围的一切人与事,具全被类象了。命理也就包含了人生的全部。

不仅如此,我身体脏腑阴阳也俱在命理的类象中,还有爱恨情仇、高低贵贱、性情志趣、仁智愚顽……

命理,将生命中度过的时间,化作具象的干支,而这些干支就是代表你未来要遭际的各种人与事。我们每个人度过的每一年,每一月,每一日,每一时虽然都是一样的干支,但对不同的人来讲,意义就不一样了。时间作用于人先天命格,产生不同的效应,这就形成了人的命运。

命运,在出生那一刻被注定,如果你得知这个事实,不知是悲观,还是欣然?可恶的命运,它居然剥夺我们仅存的对未来人生的幻想!所以大数年少之人,不相信命运真的存在,即使相信,也认为多数不能算准。还有一些人,会说出各种种各样的理由批驳宿命论,就如西医要批判中医一样,做为中医,你无法开口跟他辩论,道不同嘛,只能说,最后看效果吧。

有人说，如果算到一个人要发财，坐在家中不动能发吗？站在命理的角度讲，这是个伪命题，一方面，一个人是勤快还是懒惰是先天就注定的，不是谁都可以坐在家中不动的，有人让他在家不出门，会疯掉的；另一方面，事实上还真有坐在家里生意送上门的情况，让你赚钱的生意，多数是送上门来的，努力跑成的也偶然有之，但多数情况是努力没有成功。人的努力最多是维持生计，如果没有命运的关照，离成功是很远的。

下边有两则小故事，是讲当年郝师预测的两例。

村民高某五十多（其四柱为：丁亥、乙巳、壬辰、戊申），他在我们村是出名的勤快人，每天早晨五点就出去做生意了，晚上很晚才回来。这种生意我们村很多人做，就是开三轮车带一些铝制品到外地卖。几年下来，不仅没赚到钱，还亏了很多。你说是怎么亏的，不是车坏，就是被罚款，要不就是卖不出去，没一天顺当的。到1998年时，有人提议找郝师预测一下吧。

郝师给他断到：你这个命，这几年得有饥荒了（负债之意），你累死累活不算数，饥荒得够五万，现在够不够？

答：现在够五万了，你看接下去还会不会再欠了？（别人都说，他每天躺在床上睡大觉，也欠不上五万的债）

再欠还是要欠的，不过以后欠的是喜饥荒，不是坏饥荒，不是起房子，就是要娶媳妇。

后来，果真再没有在生意上赔钱了，不久，儿子娶了媳妇，从此家运才慢慢好转起来。

另一个事例也是我们村一小伙（其四柱为：壬子、癸卯、壬子、甲辰），他是个开山工，开我们老家山上的一种纹石，技术很好，父子俩干得好辛苦，但毫无成效，没找到一块像样的好石板。成天白干。

小伙子还是找郝师预测了，拿到四柱，郝师说：你要生在午时，是个要饭的，还好你生在辰时，不至于要饭吃，但也没得钱赚，没一个好生活，干到死也就能吃上饭而已。

从此，小伙子再也不去开工了，也不下地干活，如果实在没饭吃了，晚上到别人庄稼地里偷点吃的。现在这社会，还不至于饿死人吧。

五

　　大概中国是世界上最少有宗教信仰的国家，这一点倒并不可怕，自古数千年，宗教都没有完全占据中国人的心灵。可怕的是，当今的国民已丧失了敬畏之心，敬畏是一切道德的基础。当人成为没有灵魂的躯壳时，当人丧失对终极意义的生命的关切时，当一个人的内心世界对一切都无所畏惧时，那只有金钱与享乐主宰着他，没有了价值与是非的评判，没有最后的底线可以坚守，可以想见，他会无所不用其极，他如何能拥有道德？

　　康德说：有两样东西是人类需要永远敬畏的，那就是天空闪烁的星星与内心的道德准则。这位哲人为何要说天空的星星？对星星还要敬畏？是啊，如果你没有足够的智慧，没有对自己生命意义的足够关怀，你如何能理解康德？让我们回过头来看看我们的圣人敬畏什么，孔子说，他自己敬畏三样：畏天命、畏大人、畏圣人言。

　　我理解，东西方哲人表达的意思应该是相同的，那天上的星星，就是天，天的概念太抽象了，孔子做的比较具体的回答，就是敬畏"天命"，因为孔子更关心人的精神依托，而康德除了关心人之外，还关心自然的规律。

　　相信我们中的许多人，并不希望成为一个没有灵魂的躯壳，可是，谁能为我们的灵魂安家呢？让我们相信耶稣基督吗？上帝并无眷爱过苦难的国人；让我们信奉佛主吧，佛讲彼岸世界，此岸如何度过？最后，还得回到孔子，可是孔子的"天命"太形而上了，他心中知道是怎么回事，我们普通人如何知道"天命"？

　　是啊，要让自己真切的相信并敬畏的，除了天命还能有什么。在我这里，天命并不抽象，而是十分具体，它们是：甲子、乙丑、丙寅、丁卯……原来，学习命理学首先是为赎救自己的灵魂，当心中充满着对天命的神圣敬仰时，天道与道的概念也就会清晰起来。命理学、中医学及其他中国的术数学都是与天道沟通的学问，不管别人怎么理解，至少我是这么认识的。

　　所有的信仰最后都要落实到对事物的价值评判以及做人、做事的价值选择上，敬畏就是一个底线。宿命思想只是我们看待世道人生的心境，而真正需要我们学有所获的，是做一个高贵的人，一个有信仰有灵魂的人。

六

传说中，周朝的开国元勋姜子牙通识天文地理，会奇门神术。他老人家不得志时，候在家里门都不出，自己当然晓得，非我无能，是天命未到，可挡不住泼妇老婆成天骂（怪了，希腊先哲苏格拉底也是找了个泼妇），老爷子都快烦死了，没办法拿点钱做点小生意吧，最后结果大家都知道：贩猪羊快，贩羊猪快，猪羊都贩，进了屠宰，赔了个精光，最后，老婆一气之下，跟别人跑了，他一个人只有到渭水河边钓鱼去了。还是要等到周公请他出山拜相那一天，成就一番惊天伟业。

姜子牙的故事，也许是个民间传说，可它揭示的道理却是深刻的。其一，一个栋梁之材，你要拿它当劈材烧，可能一点不好使；其二，一个英雄、伟人的出世，都有天命的安排，等需要他登上历史舞台时，只要一声嘶吼，即刻亮相登场，他连实习的机会都不需要有；其三，每一个人，都需要了解自己的天命或使命，如果你还不清楚自己，那你可能一直在浪费着生命，只要是金子，总会有闪光的一天，哪怕如姜子牙一样等到八十岁；其四，别以为自己会点小术就可以做自己不懂或不该涉及的领域，有许多出名的大师，都是因为自不量力涉足经济，最后栽了跟头。

另一个人，也许比太公更幸运一些。他虽然才气横溢，少负大志，却屡试不中，只考了个举人，考几次都是举人，没信心了，回乡当教书先生。一直到四十岁，他还在教书，看来他的一生怕没什么希望了。

如果没有太平天国，左宗棠这个人就会老死于教书的讲台。历史的大戏却偏偏另有安排，他的角色还很重要呢。太平天国势不可挡攻城掠地时，南方只剩下湖南了，湖南告急！在这危难时刻，有人推荐左宗棠出山，当湖南巡抚张亮基幕府。幕府也就是个出谋划策的小角色，可左宗棠一出山，便要从后台跳出来，指挥军队了。要知道，越权与藐视上级是中国为官的大忌啊，究竟谁说了算？

左宗棠平时对天文、地理、兵法的深入研究也许就是为现在准备的，排兵布阵、运筹帷幄，一举击溃劲敌。他的狂妄终于惹出事来了，有人在皇帝那里告他，此时朝中有人出来担保他，给皇帝的奏章中写道：中国不可一日无湖南，湖南不可一日无左宗棠。道光帝看得清楚，保住这个人就等于保住他的江山，其中利害谁不清楚啊。

左宗棠太自负，不懂为官谨慎藏拙之道，又刚愎自用，恃才傲物（就这一点来说，当初主考官没有让他中进士是有道理的，不是因为他的文章才气不足，而极可能是他太露了，太狂了）。可是就在那一刻，他的所有缺点都成了他的优点了，最后，他成功了。所以我说，人的性格无所谓好坏，成功取决于命运。

附：左宗棠四柱：

```
         年  月  日  时
乾造： 壬  辛  丙  庚
         申  亥  午  寅
```

大运：09壬　19癸　29甲　39乙　49丙　59丁　69戊
　　　　子　　丑　　寅　　卯　　辰　　巳　　午

七

对于命理学的存疑者，会问两个问题：其一，同年同月同日同时生的人，他们的命运会不会完全一样？如果存在着较大的差别，说明命理是不准确的；其二，是集体应灾问题，汶川地震同时死了那么多人，难道都是命该在那一天绝吗？

对这两个问题的回答，我们是不可以从理论上做解的，需要大量的例证。我也在收集这方面的例证，以便找到一个可信的答案。

有趣的是，我们还是应证了一个"集体应灾"的问题，那是四年前，我跟赵宇在给山西煤老板预测时，发现他们都会在 2009 年或 2010 年这两年间发生重大的变化，结论都是一个，那就是他们干不成了！如果这样的事发生在一两个煤老板身上，那可能是他个人的原因，而我们总结的例子大约有八、九个人，无一例外，都会在这两年，转运成无财的运。

于是，我们得到一个结论，除非是国家政策发生重大变化，否则不可能这么多煤老板都一同"应灾"。事实上，正是他们共同的命运，催生了国家一个重大政策的出台，那就是，几乎所有山西的煤老板，必须在这两年内，低价将他们的煤矿出售给国家企业，以完成国进民退的重大战略调整。

所以，我相信"集体应灾"的问题一定有命中注定的因素。如果真是这样，我们不得不相信，世上真的有神奇的"天道"或"造物主"的存在，它在造就人类个体的同时，就设计好他们今后的一切规律。就好比蜜蜂在造它们的"家"时，看似杂乱无章的乱飞的蜜蜂，最后却一定能造出精美的巢穴来。我们人类的智慧与之相比，真是太渺小了，我们除了敬畏与惊异外，还能企图改造它么？我们无法超越它为我们设计的一丝一毫，假若你不相信它的存在，只能是因为你无知而已。

一个命中要离婚的女人，一定要找一个同样命中要离婚的丈夫，这是铁定的事，而且时间也要合得上。这就如同自然秩序一样，不可能有丝毫更改。哪怕你事先知道，也无济于事。人生就是舞台，剧本已经写好，角色已经定位，这出人生的大戏是要一直演下去的，直到谢幕的那一天。

附两个煤老板的例子：

```
          年  月  日  时
1. 乾造：  乙  丁  壬  己
          未  亥  午  酉
```

大运：03 丙   13 乙   23 甲   33 癸   43 壬   53 辛   63 庚
　　　 戌   酉   申   未   午   巳   辰

壬午大运，搞煤矿发财十亿。现在辛运已经不好了，巳运冲亥，局全坏了。

2. 乾造：

	年	月	日	时
	癸	乙	戊	甲
	卯	丑	午	子

大运：02 甲子　12 癸亥　22 壬戌　32 辛酉　42 庚申　52 己未

己丑年进入申运，不喜卯申相合，大运从此就走坏了。更坏是的己未运，将破大财。

后 记

《段氏理象学》是盲派命理研究的重要成果，如今能付梓正式发行，我自感十分欣慰。

命理学有理法、象法、技法三大部分，本书涉及到的内容主要是理法及一部分象法，至于婚姻、职业、财官、灾祸、疾病、六亲、应期等内容，因篇章复杂，未能在本书中详论，待以后专门成书出版时加以详述。

感谢梁奕明先生及出版社的编辑对本书的出版给予的帮助，还感谢我的学生涂传荣先生从中的帮忙接洽。

命理学博大精深，见仁见智，书中难免有纰漏之处，敬请方家指正。联系电话：15834161439 或 18620037033，网站：http://www.mangpai.com

段建业
辛卯年仲冬于并州